职场新人通关密码

即学即用

吴静思 著

中国铁道出版社有限公司
CHINA RAILWAY PUBLISHING HOUSE CO., LTD.

图书在版编目（CIP）数据

即学即用：职场新人通关密码 / 吴静思著 . —北京：
中国铁道出版社，2019.4
ISBN 978-7-113-24883-3

Ⅰ．①即… Ⅱ．①吴… Ⅲ．①职业选择—通俗读物
Ⅳ．① C913.2-49

中国版本图书馆 CIP 数据核字（2018）第 196058 号

书　　名：即学即用：职场新人通关密码
作　　者：吴静思　著

策　　划：巨　凤		**读者热线电话**：010-63560056	
责任编辑：苏　茜		**编辑助理**：邹一丹	
责任印制：赵星辰		**封面设计**：MXK DESIGN STUDIO	

出版发行：中国铁道出版社有限公司（100054，北京市西城区右安门西街 8 号）
印　　刷：三河市宏盛印务有限公司
版　　次：2019 年 4 月第 1 版　　2019 年 4 月第 1 次印刷
开　　本：700mm×1 000mm　1/16　**印张**：13.25　**字数**：200 千
书　　号：ISBN 978-7-113-24883-3
定　　价：49.00 元

新书简介与大纲

什么是"轻职场"？

1. 从读者群来说，"轻职场"是指三类人群：从高校即将毕业开始找工作的人、初入职场者、工作三年左右的职场人士。

2. 从风格上来说，"轻职场"是指读起来不严肃、不一本正经、不"装"的一本职场书籍。

3. 从内容上来说，"轻职场"涉及开始找工作、刚工作，以及开始工作一段时间后会遇到的所有问题，比如该选择一份什么样的工作、如何写简历和应对面试、求职时该有的心态、如何度过刚入职的适应期、如何正确对待第一份工作、沟通、学会求助与适当的拒绝、团队合作、工作效率与效果、思考力与执行力、工作中的创新、办公室斗争、薪资、如何看待老板、办公室恋情、职场情商、疲惫期、瓶颈期、领导力、跳槽的适当时机、重返深造等问题。

本书目标：

1. 帮助涉职未深的职场小白对可能遇到的基本职场问题给予解答。

2. 对工作五年内的职场人士下一步的职场计划和选择作出指导或建议。

前言

FOREWORD

有一天，我接到读者 J 的来信，是一位客户的母亲朱女士推荐来的。朱女士觉得她的孩子在我的帮助下做完个人成长规划咨询后受益颇多，所以推荐了好友的儿子 J 来向我咨询。J 两年前从美国常春藤高校硕士毕业进入职场，两年期间算上实习一共换了四份工作，依旧不知道自己想做的工作是什么。

除此之外，J 还对我讲述了目前自己工作第三年遇到的一些问题：汇报工作时无法让上司满意、团队合作和大家相处不好，以及总也实现不了的 KPI（关键绩效指标）……总共 8 条，问我怎么办？我这才意识到，无论曾就读于多么著名的高校、在校期间多优秀、工作年限多长、阅读过市面上多少本形形色色的职场书，职场问题对每一位职场人而言始终如影随形。

作为一名个人成长和职业咨询师，在过去 5 年的工作中，我辅导过近 600 名高校学生和职场人士、为近千名客户提供过咨询服务、在上海各大高校、机构受邀举办过上百场的个人发展讲座和公开课，努力帮助大家解决个人发展中遭遇的形形色色的问题——从个人职业规划、自我认知到进入社会后软实力的技巧训练……为什么我不把这些鲜活的案例、思考问题的方式、解决问题的办法总结出来，为更多准职场人和职场人尽些绵薄之力呢？

机缘巧合，2015 年来到美国后，我又收到了 LinkedIn（领英中国）的邀请，希望我能成为他们的专栏作者，通过文章给更多职场人士提供一些帮助和建议。于是我开始在

LinkedIn 网站和微信公众号上定期发表职场和个人成长类的文章。几个月后，中国铁道出版社的编辑 Sophie 找到了我，希望我能够把更多自身辅导经历总结成书，让众多迷茫、困惑的求职者、工作者看到，于是便有了现在的这本书。

我见过国内顶尖高校的学霸在求职道路上无法获得心仪录取的痛苦，也见过普通学生对求职这件事陌生到极点又求助无门，还见过海外名校归来的学子们不知如何适应和迈出国内求职的第一步，更见过工作两三年、已入门的职场人士对未来职业生涯的迷茫和踌躇。

这些我过去真实接触、帮助、辅导过的学员在这本书中化作一个个鲜活的案例，从不同角度启发着我对职场、事业、工作、个人成长这些问题进行深入思考。让我能够同时从职场人和辅导者的双重角度阐述自己的见解。

为了写这本书，我重读了很多职场类书籍——从经典到畅销、从职业培训发展报告到我曾接触过的上百个案例，又访问了在国内和来美国之后的一些职场人士，最终书写成文。职场类的书籍多如牛毛、数不胜数，与其他同类书籍相比，这本书有何特色呢？

特色一：目标群非常清晰。

这本书的读者非常有针对性。很多职场书籍读者涵盖面很广，几乎针对所有职场人。但我们都知道，工作年限长短不同，遇到的问题、看法和需求也会不同，这些无法一概而论在一本书里全部解决。而这本书提倡的概念是"轻"职场，它包含两层意思：

1. 工龄"轻"。这本书不是写给"老油条"、"老司机"的，它更适合三类人群：毕业之际找工作的求职者、刚入职的职场小白、工作五年以下的职场人士。

2. 解决之道"轻"。与很多类似教科书、辅导书的职场书籍不同，它不是一本严肃甚至枯燥的读物。我希望大家读这本书里的观点和方法时，感受是轻松的、操作是容易的。

特色二：大量实际案例现身说法，找到共鸣。

在阅读众多外国经典职场书籍中时最大的一个疑问就是，书里讲的很多东西与自己工作时的现实情况不符，可谓没有"中国特色"。

比如，一些书籍里提到高校学生毕业时会有很多职业服务（Career Service）机构去帮助大家做辅导，以及当你进入职场后也能通过付费咨询去解决自己的问题。但国内无论是高校还是社会都还没有达到这一点，导致大家平时不重视职业规划，毕业时临时抱佛脚，求职之路便走得一团乱麻；而对于已经成为职场人士的很多人来说，当他们在工作中遭遇难题时，更是求助无门，只能听"过来人"的一些经验之谈。再比如，国外的职场文化更倾向于评估一个人未来的潜力来决定是否录用你或升职，但国内很多企业几乎只看你当下的业绩表现。

这些差异使得我们即便阅读过很多职场类书籍，依然不知道如何解决自己的难题。但这本书里出现的每个故事、案例都是真实发生在国内的，经历过求职和职场的人相信都会有身临其境的感觉。我希望能够更加接地气地去帮大家解答职场疑难杂症。

特色三：内容涵盖广泛。

主要体现在两点上：

1. 因为我曾在 Fortune500 外企和创业公司都就职过，职位从最底层的管理培训生到团队领导，不同的公司类型和职位类别我都体验过，所以你既能从这本书看到外企生存法则，也能读到想要投入当下火热的创业大军需要经历什么。

2. 涉及的问题覆盖面广。许多职场类书籍更偏重于用一套自己的理论教大家如何"打怪"升级一步步往上走，但现实是我们在升级的路上会遇到形形色色的问题，而这些问题很难用同样的方式去解决。

在这本书里，你可以看到一些比较"正经"的问题，比如关于升迁、沟通技巧、精英职业素养等，也会看到一些"不正经"的问题，比如：下班时间到了，明明没活干，可大家就是待着不走，装作一副很忙碌的样子在加班，这个时候你该怎么办？要不要做第一个吃螃蟹的人？

上面这些问题你有可能会遇到甚至正在经历，希望这本书能为你提供解决思路。

总之希望这本书能够帮"对的人"实现"对的目标"，即：

目标一：帮助职场小白们顺利度过初入职场时遭遇到的难题；对工作五年内的职场人士所遇到的"深度"职场问题提出我的建议。

目标二：你将学习一套处理职场问题的思维方式和解决方法。当你再次面对职场冲突，比如人际关系、利益纷争时，能以更成熟的心态和专业的技巧去处理这些问题，成为一名优秀职场人。此外，当个人利益与国家、社会利益发生冲突时，应以国家、社会利益为中心，不能只想着个人利益，而不顾国家、社会利益。

最后，我特别想要感谢以下亲人和朋友对我在成书过程中的帮助，只有经历过才知道要写成一本书有多难，没有你们，就不会有现在这本书。

首先感谢我的父母，飞过大半个地球、克服异乡孤独和语言障碍来到美国陪伴我，身体力行支持我完成此书；

感谢编辑 Sophie，能够在芸芸写作者中发现我，让我有机会把过去的经历和思考展现给更多人；

感谢 LinkedIn（领英中国）的 Mei，让我结识了 LinkedIn 这样如此好的一个平台，让很多读者、编辑知道了我，这才有了我之后的每一步；

感谢我的好友欣旖，在构思此书时给了我各种真诚建议；

尤其感谢管管，写作途中很多次的卡壳如果没有你的鼓励和对我没来由的自信我可能很难坚持下来。

工作是一辈子的大事，它不仅涉及我们的生计，更与我们的自我价值、社会角色、身份认同和社会贡献有关。希望这本书里的每一个字都不辜负我亲爱的读者们的信任和期待，愿读过此书后大家的职场生涯不再迷茫。

吴静思

2018 年 3 月 13 日

目录

CONTENTS

4　工作中的那些尴尬时刻

5　那些职场资深人士教我的事

6　进入工作疲惫期，如何走出瓶颈

第 1 章

人生第一份工作，应如何对待

初来乍到，一定要放低姿态，勇敢面对

开 篇 语

　　小呆即将从大学毕业，和很多求职的新手一样，现在他最大的两个问题是：迷茫和担心。关于求职，他看过和听过一些技巧介绍，但真轮到自己面对时，小呆还是无从下手。更重要的是，他内心有着一丝恐惧：我能找到理想的工作么？职场真的如传说中的那样恐怖么？从学校到职场这条路，到底多久才能走完？当我们踏上这条路时，第一件事需要做什么呢？

　　首先，恭喜你从大学顺利毕业，来到了一个"新世界"。然后，我得摸摸你的头，因为你憧憬的"新世界"并非你想象的那么有趣。作为在这里摸爬滚打多年的"老油条"，对你的到来深表同情。

　　这个"新世界"就是职场。

　　当然，现在的你还在"新世界"的边缘晃悠着，你需要找到这个世界的入口，进来后才能彻底成为这里的一员。

　　关于求职，相信你已经听过和看过太多，无论是经典的、流行的职场书籍，还是听师兄师姐们讲过的心得，又或者是咨询求职顾问，参加各种的求职课程。北京和上海这样的大城市就有不少这类 Career Workshop（求职工坊），你都会从中受益颇多。但真到要真枪实弹上"战场"时，迎接你的只有三个字"方恨少"！

求职是一件你永远会铭记在心的事，因为"工作"和婚姻类似，是一件几乎与我们朝夕相对、终身相伴的事。你会欢呼、沮丧、思考、纠结，每一种滋味你都有机会亲自品尝，然后才能笑看职场。

就拿我刚到美国时说英语这件事来说吧。首先要先纠正一个误区，不要以为到了美国英语就会变好，除非你真的刻意练习，否则在华人遍布地球每个角落的情况下，你提升的只能是方言。

我的英语不好，不好到第一句和别人说 Hello，第二句就想说 Bye Bye。刚来这里的时候，为了练口语没少干在马路上拉着陌生人聊天的事儿。比如有一次，从纽约州来了两位大叔，开了四小时的车到学校看球赛，我能拉着他们在图书馆门口胡扯十几分钟。这绝不是我英语有多厉害，而是对方有个对错误兼容度极高的大脑外加对肢体语言的充分理解。

再比如，我对某个专业感兴趣，就直接跑去找系主任请教申请流程和建议，自己"张牙舞爪"说了半天，然后系主任给我的第一条建议就是" You need try your best to improve your English（你需要好好提高你的英文）"。

最夸张的一次是我和保险公司交涉。我打电话问眼睛检查的事宜，自己听力确实不好加上对方语速又确实快，连说两遍我都没听懂。等我请对方第三次"Pardon（抱歉）"和"Speak slowly（请讲慢一些）"时，手机那头传来了一句我听得不能再明白的"Oh my god"，并且毫不掩饰自己不耐烦的情绪。我也不知道哪里来的歪脑筋，用中文把自己想问的问题说了一遍，电话那头懵了，回了句"What？"我又用中文重复了一遍问题，电话那头依然是"What？"然后我甩了句"English is my second language, if you can't understand Chinese, please be more patient for my English, thank you.（英语是我的第二语言，如果你听不懂中文，就请对我的英文多给点耐心，谢谢。）"最后，对方只好用一个个单词往外蹦的速度把我需要解答的问题回复了一遍。最终我解决了问题，得到了自己想要的答案。

我知道，因为自己的语言水平给别人造成麻烦，还要无耻要求别人，这不够厚道，但在你需要快速解决问题或达到目的的时候，矜持不能给你带来任何帮助。你要做的就是想方设法去解决问题，而豁得出去明显是最方便也是最有效的一种。放下矜持，豁得出去未必一定会给你带来好处，但至少你可以变得更勇敢。这个世界，*勇者才能闯天涯*。

有些朋友会说对你来说豁得出去这种事当然易如反掌，可对我来说就是办不到啊。好，我们就先来分析一下你为什么不能放下矜持豁出去。豁不出去通常有四点原因：

1. 想太多 & 自我设限

"这么做真的可行吗？""这件事真的靠谱吗？""我做了之后朋友会怎么看？""还有其他的法子吗？""我没经验啊？""我怎么可能办得到？"……

不知道多少人就是在这样一系列的否定和质疑中停滞不前的。

多想一步、多思量一些是好习惯，但过度思考只会阻碍前进。除非你思考后能有万全之策，否则把 50% 甚至 70% 的空间留给行动远好于无止境的想。

2. 害怕承担不良后果或遭受责备

"我做砸了多没面子啊？""别人会怎么看我？""会被骂或者开除吧，那还是不要冒险了"……

每个人都想规避风险，待在舒适圈里可能是最安全的，但这也意味着你的进步只有那么多、空间只有那么大。作为成年人，成熟的标志之一就是勇于承担自己的错误。既然你能为小时候犯的错误道歉，为什么长大后反而惧怕低头呢？而且，有些后果真的是自己无法承担的吗？我相信，对于大部分普通人来说，说白了不过是太在意自己的颜面。

就拿女追男这事来举例吧。很多女生遇到心仪的男生不好意思行动，总觉得身为女孩儿应该矜持、骄傲。可是，你表白最坏的结果也不过就是被人拒绝。如果一个男生连你这个人都不在乎，又怎么会把你追求他、表白他这种被你看来很不淑女的行为深深印在脑海里呢？

没什么大不了的，你的心未必像你想的那么脆弱。

3. 缺少外部支持

NBA 明星斯蒂芬·库里曾全票当选常规赛 MVP（Most Valuable Player，最有价值球员），成为 NBA 历史上的第一人。可是，这位以三分球命中率极高而叱咤篮球界的"三分库"，却曾在一场比赛的前三节里九投三分球全失。逆袭发生在第四节比赛和加时赛中，库里的三分球七投五中，从而帮助勇士队再次获胜。排除库里自身心理素质和水平的因素，如果在他错失九次机会后，同队的伙伴选择不信任他而不再给他传球，那也就没有之后的七投五中和球队获胜了。

人类既伟大也渺小，伟大在于我们可以做成不少让自己想象不到的事；而渺小在于，我们的成功很难只留下自己的足迹。

4. 缺少阅历和积累

一个天天宅在宿舍打游戏的大二学生和一个已经做了三份实习的大二学生相比，我相信后者求职成功的概率一定比前者大。没有谁天生勇敢豁得出去，无非是做得多、见得多，在面对新事物的时候内心能够多一份淡定和输得起。

那我们如何才能豁得出去呢？针对上述四点原因，我概括出以下三种方法，希望能对求职中的你有一点儿帮助。

方法一，"思前想后" VS "最差结果"。

无论你多么纠结、多么害羞，只要能把"如果做砸了最坏的结果是什么"

这个问题考虑到就足够了。

简历投了如石沉大海，那就对心仪的公司"霸王面"，最差结果会怎么样呢？被 HR 当面拒绝？被保安轰出来？或者压根儿连公司大门都进不去？最差也就是这些了吧，会真正损失什么呢？无非也就是几分钟的脸红、心跳加速外加小沮丧，而且毛遂自荐不一直都算得上是美德嘛。

面试完一直等不到公司回复，给 HR 打一通电话或发一封邮件，你最大的损失也就是几毛钱话费、几分钟时间吧，并不会威胁到你的人身安全，更不会践踏到你的自尊心。知道结果比不知下文、如坐针毡要踏实吧。

衡量清楚"最差结果"，会有一种"不过如此"的顿悟感。既然自己输得起干吗不试一次呢？

方法二，终极法："我做了，又会怎样？"

这一点看上去与第一点异曲同工，但过程更简单、行动也更决绝。你不需要去计算、衡量什么，只要一句简单的"是"或"否"就行了，所以更高效。

这是我最喜欢用的方法。每一次面临选择、难题或者让自己害怕的事情时，我都会用这个"终极法"。"我做了会死吗？""不会！那就去做吧"能否猜到过程还是结果都不是最重要的，关键是，你得先开始。开始行动意味着让自己后悔的机会减少一半。

方法三，结伴而行。

如果你下了很大决心、做了很多计划、发了很多毒誓要减肥还是不奏效，那就试试找几个已经积极投入减肥大业的伙伴，让他们的精神和热情点燃你、带动你。

群体心理学研究已经证明，当个体的身份被隐藏，就会出现去个体化，并且当所在的群体越大时，去个体化程度就越大。所以，结伴而行会让你的目标更容易实现。

我的朋友 Frank 因为太内向而不知道如何迈出求职的第一步，所以参加了一个 Career Workshop（求职工坊），其中有一个项目是需要三四个人联合售书或募捐。这种事情在弗兰克的想象中难度堪比登天，要知道，他是那种在宿舍一整天都可以不和室友说一句话的人。

可在这个项目中，弗兰克所在的小组售书最终夺得了全工坊第一名，而弗兰克个人销售成绩更是位列全班第三。我惊讶地张着大嘴问弗兰克是怎么做到的，他说，和自己搭伙的那两个人在大学期间做过不少零售实习工作，特别能吆喝，自己被他们"传染"的，觉得"吆喝"是一件特别艺术的事情，那种与客户之间眼神的交流、言语之间你来我挡的互动，让他找到了玩竞技游戏的感觉（弗兰克是竞技游戏的狂热分子）。用他自己的话说就是"一下子上道儿了"。

当你发现对自己喊话、做内心建设丝毫无用时，不要和自己较真儿，找一群更擅长做你不擅长事情的人带带你。

学会放下面子、学会不再轻易脸红、学会丢弃自己的玻璃心、学会少一点犹豫多一些勇敢，你会发现，求职的门槛儿原来并没有自己想象的那么高。

总　结

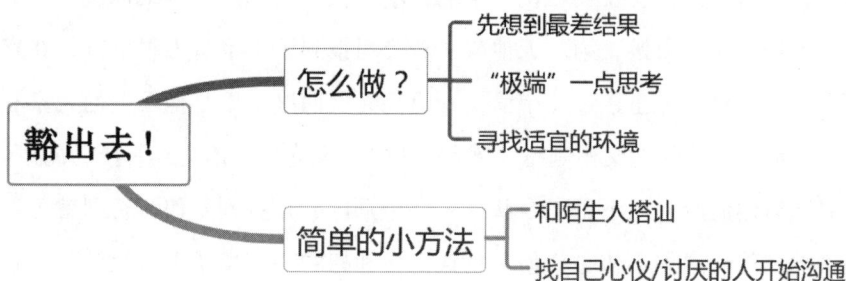

收获一份好工作，只需要 14 天

小呆听过不少学长、学姐找工作的传奇故事。有些人从大三就开始着手，耗时大半年，最后还是靠家里托关系找了一份不错的工作；有些人跑了几场宣讲会、招聘会，不到一个月就拿下大公司的录取。喜欢做计划的小呆想知道，到底需要多久才能和一份好工作邂逅呢？

先下个定义，这里的"好工作"并非指钱多、活少、离家近乌托邦式的工作，而是你用主动意愿去接受而非被动无奈选择的工作。

在职场上，找到一份好工作需要多长时间？半年？三个月？

有人很幸运，只用了三小时。比如，在离职的当晚和朋友"控诉"自己的前老板有多糟糕时，朋友突然说"来吧，刚好我们公司这里正缺你这样一个人才"。于是，无缝衔接，第二天他就去新公司报到了。也有人很倒霉，在家里待了大半年，零零星星接过几个面试，但都无疾而终，不是他看上的人家看不上他，就是看上他的他又不满意。还有一些"狠角色"，因为经济压力的原因，"裸辞"后他们给自己下了军令状——一个月内必须找到工作，否则就等着饿死街头吧。然后他们不错过任何一场宣讲会和招聘会，发了上百封简历，赶场子参加面试，最后居然也真的找到工作了，虽然那不是一份真爱型的工作。

虽然时间长度因人而异，但如果用大半年的时间"磨"出一份工作，显然算不上高效，而且我严重怀疑，一份让求职者耗费如此久的时间的工作是否能被称为好工作。如果你想高效地找一份好工作，两周内实现是完全有可能的。

我怀疑过这个时间长度，毕竟这样的好事没发生在我自己身上。可调研后我发现，自己的好朋友、前同事、同事的老公，在他们身上都发生过两周内找到一份好工作这种事，于是我开始研究他们究竟是如何做到的？

"如何在两周内找到一份好工作"需要解决两方面的问题：

① 何时找 + 从哪里找？

② 正确的方法是什么？

这当中涉及简历和面试两部分，我会把它们拎出来在后面的文章里做专项描述，在这篇文章里不赘述了。这里主要告诉大家高效找到一份好工作的思路和技巧。

大多数人找工作都是先写一份简历，然后跑到招聘会、打开招聘网站，看着差不多的工作就投了，然后坐等面试通知。好的时候一周能收到 2～3 个邀约，自己还会掂量一下是否值得一去；坏的时候也许两三周都收不到邀约，只能继续海投，可未必见得效果就好；最后，熬不住了，有过得去的公司录取就接受了。入职几天后发现跟自己的预期差好远，一部分人选择扭头走人，于是又回到了上面的循环；剩下的人想着"就这样将就着干吧"，便进入到了混日子模式。

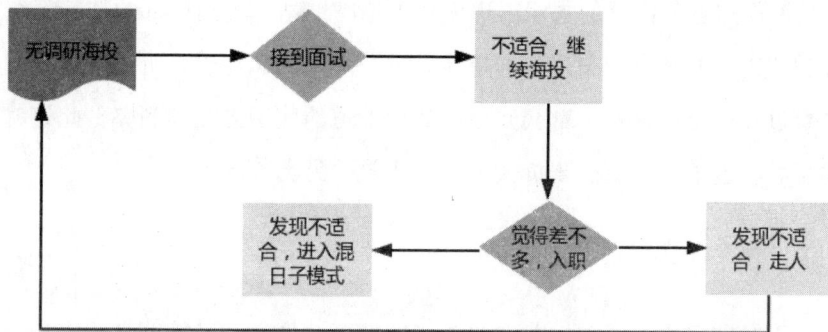

```
无调研海投 → 接到面试 → 不适合，继续海投
                              ↓
发现不适合，进入混日子模式 ← 觉得差不多，入职 → 发现不适合，走人
```

如果现在正在求职的你和我描述的状态八九不离十，在两周内找到一份好工作是相对比较困难的。

获得一份好工作最有效的方法肯定不是抱怨、偷懒或碰运气，而是选择一种最佳的态度去面对。找工作的最佳态度应该是"我想用自己的能力去为雇主解决问题，同时获得收益和成长"。

我找第二份工作时就是用上述那种"打酱油"的方式开启了求职之旅，结果一周内音信全无。后来我计算了一下，虽说在找工作，但每天真正花在求职上的时间平均不到三小时。简历写得不够有针对性；打开招聘网站也是瞎投一气，没有计划和目的；而且经常投一会儿就开始在网上做别的事，比如聊天、打游戏，一晃一天就过去了。

反思后，我明白是自己的求职态度出了问题，所以就每天拎着电脑去图书馆，开启了朝九晚五的"模拟工作求职状态"，效率大幅提升，三周内就找到了自己理想的工作。

想在两周内找到一份好工作，你需要做的第一件事就是"像工作那样去找工作。"如果你能像每天正常工作 8 小时那样去对待找工作这件事，那么你离好工作的距离已经比别人近了一大步。

当你有了一个良好的态度去对待找工作这件事时，接下来要解决的问题就是求职渠道。

大家都知道，传统的求职渠道无外乎招聘网站、公司内部的招聘系统、宣讲会和招聘会四种常规渠道。如果你有过一两次求职经验、听过一点儿求职分享、看过几篇求职攻略，都会知道这几种渠道的使用方式和利弊，此处就不再赘述了。在这里，我更想告诉大家一些比较"另类"的求职方式。

第一种，靠推荐。

我们对靠家长、朋友推荐介绍工作这件事总带有一种偏贬义的看法，觉得不够光明正大、不是靠自己的真本事。其实，大可不必有这种看法。"师傅领进门，修行靠个人"，最终能否在职场取得成就还是要靠自己的真本事，而所谓的推荐不过是一种人际关系资源，让自己不要错过好工作、也让好岗位不要错过好人才。

而且，因为求职社交平台比如 LinkedIn 的发明，使得人与人之间的关系变得越来越近。

进化心理学家罗宾·邓巴发现，由于受大脑的限制，人类所能保持的朋友圈人数不超过 150 个。LinkedIn 创始人兼执行董事里德·霍夫曼则指出"三级关系网"。在现实生活中，和我们打交道的除了你的亲密伙伴、家人等第一级关系的 150 个人之外，其实还有你认识的朋友的朋友，他们构成了我们的第二级关系网；而朋友的朋友也有他们的朋友，于是你的第三级关系网就形成了，从"亲密的人"到"不那么熟但可以有联系的人"，总共是 $150 \times 150 \times 150 = 3375000$ 个人，在这些人里，总有能为你的工作添砖加瓦、牵线搭桥的人。

"拼关系"找工作其实是一件双赢的事。对雇主而言，可以省掉一些对求职者不必要的怀疑，毕竟是熟人介绍，会多一些信赖，缩短了招聘的周期。对应聘者而言，也省去或加快了一些流程化事宜的进度，比如查阅公司情况、投递简历以及一轮又一轮的面试。不过，作为求职者，我们不应该因为"关系"而不重视求职过程，相反，更因为是"关系"，所以才要特别重视简历制作、面试这些求职中的每一步，争取不辜负推荐人的好意。

第二种，放开手脚。

所谓"放开手脚"指的是在投递简历无结果的情况下不妨多方面尝试，比如发邮件给负责人询问近期是否有岗位招聘的需要，甚至直接上门毛遂自荐。

我的朋友 M 大学毕业后也像很多求职者一样投简历、等面试，但她读的专业比较冷门，得到的反馈并不多。后来 M 整理出自己想去的和已经投递却没有消息的公司，带着简历、穿着正装上门推销自己。敢像 M 这样做的应聘者并不多，但这反而让她在一群求职者当中凸显了出来。她毛遂自荐了 10 家公司，最后有两家面试完后决定录用 M。

看上去 M 用最"笨"的方法获得了"幸运"，其实则不然。在雇主中有这样一句话："人们不是雇佣简历，而是雇佣人。"我曾和一位在世界五百强公司做 HR 的同学聊过，她说在 HR 眼里那些打电话或直接上门毛遂自荐的人，看上去虽有点鲁莽，但当他们进来时就已经加了不少印象分，能拉开其他普通求职者一大截。如果你能在 HR 面前好好表现，他们甚至会加深对你的好印象。

看到这里，你应该知道了高效地找一份好工作的"天时"——像正常 8 小时工作那样去求职、"地利"——用好自己的关系和脸皮，接下来就是如何拿下那份好工作了。

有两种思路可供你参考：内省法和底线法。

1. 内省法：即从审视和剖析自己开始，然后再"选择"工作。这里涉及"了解自己"和"了解工作"两部分。

关于"了解自己"，你需要回答自己的优势、劣势、能力、技术、想要成为什么样的人、想要过什么样的生活这些问题。其实这些因素都只为一件事情服务，那就是*讲好故事*。比起证据或数据资料，人们更容易被故事打动。

在进入职场前，你所呈现的故事要围绕"展现出你的过往成就，与做好这份工作相关的能力，以及这两者之间的关联性"这个中心而进行。然后把你的故事练得（注意，不是背）滚瓜烂熟，自然、顺畅地告诉面试官。

关于"工作"，你需要从宏观到微观去了解行业、职位、公司这三方面的信息。

行业、职位和公司除了可以在网上进行调查外，更直观有效的方法是找到一些有经验的人，听他们的说法、建议，甚至可以到公司进行实地走访。对于前者，你需要提前准备好一些问题，以便能够高效地获得信息。

比如，描述一下对这家公司创始人或部门主管的印象，问问他们在这家公司工作的感觉，通常他的一天是怎么过的？他的工作优势是什么？你想应聘的这个职位流动率怎么样？空缺多久？你还能做什么可以提高机会得到这份工作？如果你们算得上熟悉或者在此次交谈后相互印象非常好，可以询问他是否能够帮忙把你推荐给雇佣你的人。当然，能做到这一步是格外幸运的了。

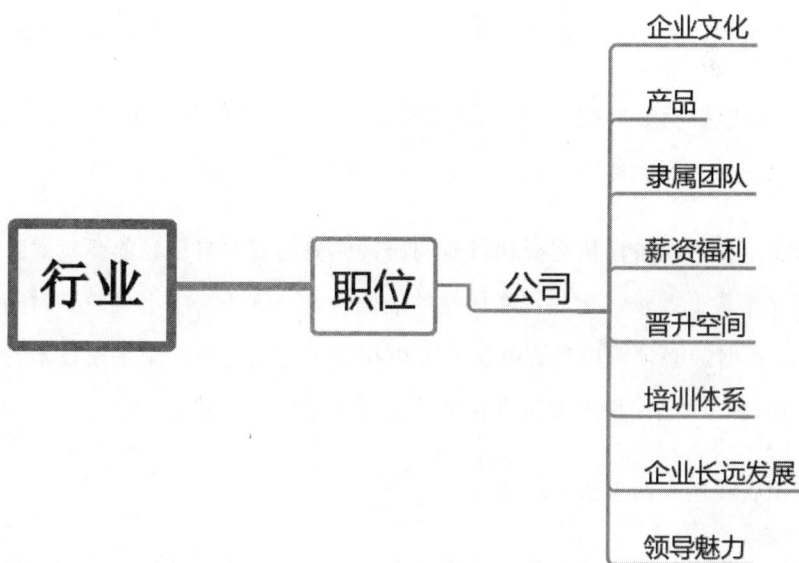

实地走访也是了解行业和公司非常不错的一个方法，你可以作为顾客去体验一下你有可能为之服务的地方。比如，当你打算从事零售业或快消业时，可以去实体店看看，货物的摆放、营销的方式，与竞争对手相比二者给你的感觉和差别是什么。

我的一位朋友想应聘国内一家非常有名的教育培训机构，她所做的第一件事不是投递简历，而是去以顾客的身份体验了一下在这家公司做咨询服务的感受。当她发现这里的资深顾问服务她时更多的是出于销售目的（虽然这很正常且必要，但水平高超的顾问绝对不会让你有"要把你的钱从腰包掏出来"的感觉），而没有让她体验到作为教育从业人员应有的"教育为本"理念时，她把这家公司的应聘从 A 类优先级调整到了 C 类。

这里面其实涉及求职者对公司文化的理解，公司文化这类概念看上去虚无缥缈，但它实际上反映于服务当中，因为它不是经营的副产品，而是一种习得行为，是通过具体的行为方式形成的。所以，作为一名顾客，当你对一家公司的服务有什么感受时，它们的企业文化也就是那个样子。

我相信，即便你对工作再"如饥似渴"，也不会自虐到想去一家和自己气场、价值观格格不入的公司。毕竟工作和爱人一样，朝夕相对，总要找个顺眼的。

2. 底线法：内省法虽然深入、彻底，但需要耗费比较长的时间，如果目前你急需一份过得去的工作救急，那不妨试试简单好用的"底线法"。

很简单，不用做自我剖析和行业调研，你只需要对自己目前要找的工作设置 3 ～ 4 个最低要求，比如：能接受的最低薪资是五千、上下班通勤时间不能超过 1.5 小时、必须要给我交社保、可以接受工作内容有一半是没技术含量的重复性劳动……当一份工作符合你的这几项要求时，你就接受它。

使用底线法有两点需要注意：

第一，设置的限定条件最好不要太多，我觉得 4 条足够了，再多便是把自己的求职往绝路上逼。

第二，当你确定好几条底线后请务必严格遵守，不要轻易改动或随意减免。这已经是你的底线了，不能一再突破下线，否则它就不能称之为"好"工作。

相较于内省法，底线法的好处在于它能在短时间内让你不太费力、不太纠结地找到一份自己尚且可以接受的工作。当然，"底线"的设置最终还是基于对自己和行业有比较清晰的认识，不能太离谱。

其实，几乎所有的求职方法都遵循同一种思路，即：*了解自己 —— 调研目标 —— 匹配计算 —— 实施计划*。只有对自己和岗位先有一定的了解，能够知道二者的匹配程度和差距，然后再实施计划或做好准备去弥补这其中的差距，最后一击命中。

以应聘国际学校老师的杰瑞为例，如下：

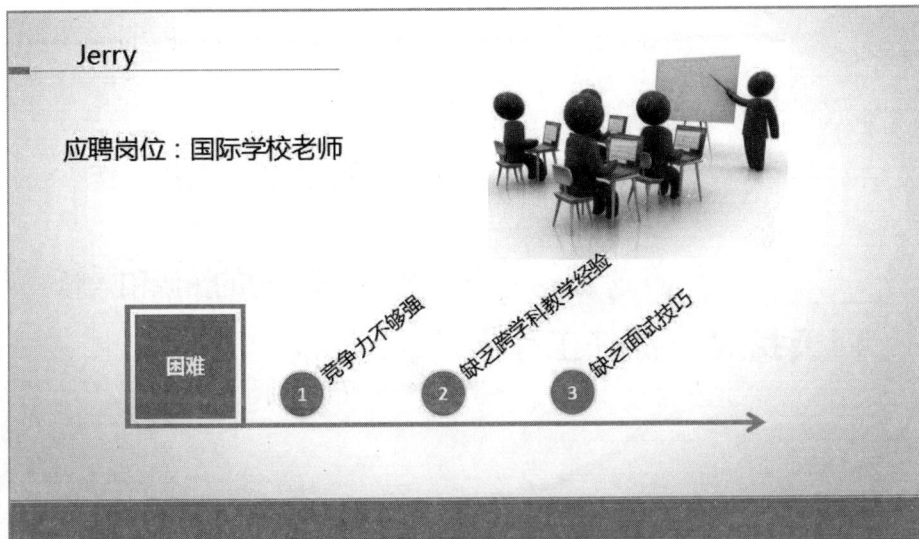

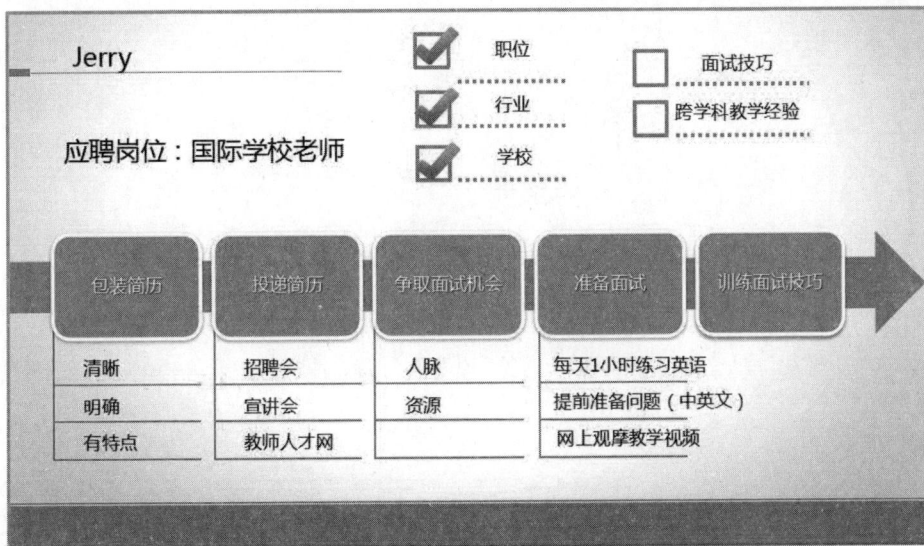

你会发现，用这种思路求职，除了会让你方向不跑偏之外，对自身和行业、职位的了解也会因为有了量的累积而使自己的求职之路愈加清晰。

记住我们是在与许多其他申请人竞争同一个职位，所以必须比其他人更加努力地传达出你了解并非常希望加入这家公司的愿望，而做足上面的功课显然会让你更有竞争的信心和资本。你得靠这份工作生活，所以它值得你倾力付出。

总　结

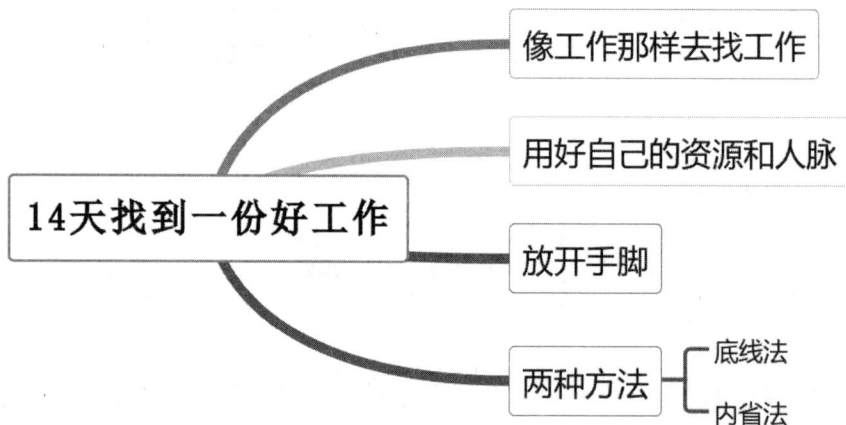

给你一份好工作，你敢接么

开 篇 语

　　我们都想有一份好工作，在工作几年后有了更多经验、资本之后更是如此。可是"好"是很主观的，不知道你在工作几年后想要的"好"和当初还是一样吗？

　　我曾经很羡慕表哥的工作。他在三线城市大型国企从事财务工作，除了月底几天忙些，其他时候比较清闲，各种补贴、节假日福利也很丰厚。表哥计算过，他退休后的工资相当于北上广一线城市白领们的平均薪资。拿着一线城市的薪资在三线城市生活，有钱有闲都被他占全了，人生太逍遥。

　　谁说没有"钱多、活少、离家近"的好工作？好工作想要干好，那得需要提高一个人的综合素质，比如情商、口才。

1. 你定义的"好"工作是什么

　　对于父母那一辈的大多数人而言，工作就是重复劳动生产、就是在一个地方呆三四十年、每个月定期领固定的薪水补贴家用。那时候工作是一件很单纯的事。

　　工作的功能和意义在当今社会早已不可同日而语。管理学之父彼得．德鲁克说过"成功企业的平均寿命只有 30 年，而人的平均工作年限很可能长达 50

年，特别是知识型员工。"

这意味着：①企业的变革已成为常态，从组织方式、工作方式到需要的知识和人时刻都在发生变化；②作为职场一员，我们的工作职责早已不是劳动生产那么纯粹了，你得知道自己的优缺点、得进行持久的知识储备和升级以及最大限度地创造贡献，才能在职场"存活"五十年之久。

传统意义上的好工作，即那种稳当的"铁饭碗"会离我们越来越远；而我们现在定义的好工作也绝对不是"稳当"那么简单了。

我曾经因为工作的需要做过一份调研："工作对你来说意味着什么？"调研对象有刚入职的新人、普通的白领，也有中层领导。给出答案最多的是以下五项：认识自己和世界、升级三观的渠道、学习方法论的环境、提升自我的机会、玩——如何愉快地度过几十年的职场光阴？

赚钱呢？这个选项当然榜上有名，但没有我想得那么靠前。虽然我们经常把工作和赚钱挂钩（二者也的确应该挂钩），可当大家认真思考工作对自己的意义和价值时，绝不是一个"钱"字就能一言蔽之的。

所以，一份好工作意味着：好 + 工作两方面，即"工作"是你贡献的，"好"是你得到的。如果想得到一份好工作，我们需要把"工作"和"好"进一步形象化、清晰化。

2. 如何找到适合自己的那份好工作

所谓的好工作其实是从"热爱的""擅长的""提供稳定合理报酬"这三个要素来考虑，它们的交集正是我们渴望的好工作。

因为它囊括了自己和雇主、供应和需求、贡献和收获三方面的考虑。你会发现缺失当中任何一个要素而得出的结论都不会是真正的好工作。比如，一份工作你很擅长、薪水也丰厚，但如果你对它缺乏热情，那后果就是你会富足，但不会觉得工作是有真正意义和价值的。所以，我们周围总会有一些人，他们做着我们羡慕的工作却依旧叫苦。

真正的好工作绝不会只让我们得到丰厚的薪资，而是让我们的整个人生都会因此升级。

3. 别人的好工作，自己未必驾驭得了

真没必要去羡慕别人的好工作，我们会因为对行业、公司的不了解而对一些工作形成光环效应；更多时候，我们会被那些好工作光鲜亮丽的外表迷惑，忽略了它们背后的辛酸。就像大家只看到了"闪电"博尔特连续三届奥运会获得的九枚金牌，却看不见他因受训而变形的双脚一样。

遇到一份不喜欢的工作，同样值得你全力以赴

开篇语

　　小呆身边有这样一位同事：在公司工作了几年，业绩不好不坏、升迁没他的份，但裁员也轮不到他。这种人看上去无害，但他们对同事有着致命的伤害，作为职场新人，请务必远离此类人。

　　小凡来找我做职业咨询时刚工作半年。她从上海一所重点高校研究生毕业，历经各种面试、笔试，最终突出重围拿到了这家世界排名前 5 的快消公司的录取通知书，过完试用期刚转正，没想到来找我咨询的第一个问题是"我要不要辞职？"

　　小凡辞职的原因不是对薪资不满，也不是觉得公司未来没前途，而是因为同事 J。

　　J 在这家公司已经工作四年了，业绩不算优秀但也不垫底，四年来始终维持中等水平。但 J 总是有意无意在小凡面前说部门和公司的"坏话"。

　　比如，小凡参加完新人培训会后觉得未来一片光明、斗志满满，J 就在一旁带着似笑非笑的表情说："又给你们新人画饼呢？"

　　小凡跟着 J 去见潜在客户，连她一个新人都能看出：只要 J 加把劲儿，该客户就被"拿下"了。J 却不温不火地对客户说："没关系，你再对比一下别家，

你的选择我也可以理解，各有所长嘛。"结果，最后那位客户就被竞争对手公司签走了。

再如，一次午饭时，小凡和另一位新同事聊起未来的职业规划——"三年变资深、五年变主管"，J冷不丁地来一句"你们对公司还真是死心塌地啊。"

小凡很困惑，她工作了半年觉得公司各方面都不错，自己干劲十足，但每次J总是无形中"泼冷水"，"J在这家公司干了四年，肯定比我更了解这里，这让我越来越怀疑自己的选择是不是错了？"

位列全球第四大人力资源咨询公司的怡安集团（Aon Hewitt）发布的《是谁在给你的企业拖后腿——如何解决职场"囚徒"问题》报告中（以下简称《报告》）提出了"职场囚徒"这一概念，指"既不会正面宣传公司的形象，又不会努力工作，而且还打定主意继续留在公司，这些人并不是一般意义上的不敬业者——他们非但不努力工作，而且还不去另谋高就，既缺乏进步的动力，也没有离开的勇气。"

根据上述定义J应该就属于这类人。

职场"囚徒"看上去像是被"卡"在了自己的职业生涯中，并且随着时间的流逝，当事人在卡壳中逐渐消磨了斗志、放弃了改变的意愿，最终变成了职场中上司不青睐、同僚不亲近、新人不尊重的一类人。

我相信大部分初入职场的人都曾像小凡那样有着万丈雄心，斗志昂扬，但最终一部分人无可避免地成为了J，这种变化是由内外两种因素造成的。

从外因来看，一个企业的薪资体系和晋升体系设计是否完善、执行是否到位会在很大程度上影响一个员工的成长走向。

一般认为，没有合理的绩效管理和薪酬设计容易导致职场囚徒的出现。的确如此，但根据怡安集团在《报告》的调研认为这个"不合理"并非是公司给少了，相反，是给的高于市场平均水平。"高于市场平均水平的薪酬是'囚徒'群体形成的原因之一"。

这也是为什么 J 对公司充满了"冷嘲热讽"却依然在那里做了四年，既不是出于忠诚，也不是懒，而是发现个人的既得利益还是很划算的，所以能混就混、能忍就忍。

另外，长久地在同一岗位做同一业务也容易变成 J 这类人。

这里打个比方，把一个人对一份工作的感觉分成六个时期：蜜月期、磨合期、成熟期、瓶颈期、厌恶期、惯性期。

一般辞职的人基本"败"在磨合期、瓶颈期或厌恶期三个阶段中的任意一个，而如 J 一样的人几乎熬过了前五个阶段，进入第六阶段惯性期后就再也难以产生变化。但这种"熬过"是消极的，多由自己的内因造成——他们对业务烂熟于心却又害怕接受挑战、脱离舒适区。

国内曾有一个人力资源网站做过一项关于职场"囚徒"的调研，有超过万人参与了此次调研，其中近 15% 的参与者认为自己是职场"囚徒"。

他们不会完全抹黑公司，但也不会用积极的态度去宣传公司、以公司为荣。总体来说他们最突出的特点就是对工作和公司的认同感不好。如何解决呢？有三种从轻到重的方法可供参考：

● 轻量级：多接触正能量、有野心的同事。

心理学中有一个定律叫吸引力法则（The Law of Attraction），大意是当思想集中在某一领域的时候，跟这个领域相关的人、事、物就会被他吸引而来。如果你是一个想寻求改变的人，那就应该尽早寻求一种氛围，让自己的不满、埋怨和不认同有所减弱。

● 中量级：申请调离岗位、挑战新任务。

工作和爱情一样，想要在稳定的基础上维持新鲜状态是需要"刺激物"的。我们很难让自己避免对数十年如一日的工作内容和模式产生审美疲劳，但我们可以换个岗位、接收新技能的学习，以及挑战新任务来让自己对工作再次心动起来。

● 重量级：辞职。

如果你是一个不容易受他人影响，且认为这份工作 / 公司几乎一无是处，但确实又想改变，那只能对自己下狠手了——辞职，彻底换个新环境让自己重新开始。

釜底抽薪、破釜沉舟、革旧鼎新的结局未必不好。

一份工作对我们最终的影响并不是物质和前途，而是它会使我们成为怎样一个人。

多好的工作做起来也还是会辛苦、会有无数槽点、会让人产生无数次想辞职的念头，但总会因为一些别人无法理解的原因让你难以割舍。

我的第二份工作是在一家已经创业 15 年的教育咨询公司。

公司成立 15 年，没有明确的奖惩措施和晋升体系，就连上下班的固定时间和调休制度也是我离开的前一年才最终明确的。

可是，就是这样一份看上去不怎么靠谱的工作，我做了 5 年，直到来美国前的十天才终止。

原因就是这份工作给了我很多启发和影响，都说创业公司能锻炼人，事实上也正是这样。

从小的格局来说，这个公司的 CEO 是位学艺术、但又想搞教育的商人，身上的情怀和理想主义爆棚，他用自身的魅力和想法吸引了一群特别有趣、有想法和友善的员工。而这批人追求的一个共同底线就是即使自己当不了神一样的对手，也决不会当猪一样的队友。和这样的人一起工作，上班可以共商大计，下班可以约饭玩耍。你脑子里想的都是还能为团队做些什么。

从大的格局来讲，因为有这样一位 CEO、有这样一批队友、共同做着一份以人为本的工作，可以让你在这个世界，与他人精诚合作，最终实现自己的目标，实现财富自由。

从自身来说，这样一份工作，带给员工的不仅是工作能力和技巧的提升、也不只是认识了一批多么高智商和高学历的人，更重要的是，这份工作让大家看到了很多不可能实现的事情真的实现了，它们刺激着我、鼓励着我迈开步子去做一些过去自己一直想做但从未开始、甚至是从未敢想的事情，比如 30 岁丢掉在上海安逸的一切跑来美国、比如多烂的英语都敢和老外聊聊、比如真正开始自己热爱的码字。

这就是代价和梦想的较量，而好的工作就是让你能够明白代价的分量和梦想的重量。于我而言，它能让我不羞于谈自己的梦想，因为它能让我真正明白梦想是需要做些什么或放弃些什么才能获取的。你要敢于离开自己熟悉的安全和舒适，才有可能离梦想更近一点。

如果现在的你正在寻找自己的第一份工作，或者因为目前的工作不够好而打算跳槽，不妨问问自己这几个问题：

● 你为什么看重、选择这份工作？在你"看重和选择"的背后，实际上追求的是什么？

● 入职前后的落差是怎么形成的？当中是否有自己的问题？

● 这份工作真的不适合么？它有没有可能给你带来一些意外的收获？

● 如果你选择留下来，那给自己定个期限和目标吧，努力去实现它。

提　问

　　如果现在的你正在经历一份让自己很痛苦的工作，请想一想让你痛苦的根源是什么？短期内能否解决？如果现在辞职不是好时机，不妨换个角度想这份让你痛苦的工作能给你带来的帮助和提升是什么？

如何制作简历，看这一篇就够了

开 篇 语

　　在找工作前小呆从没把简历太当回事。倒不是他不重视简历的作用，而是现在有那么关于制作简历的教程、模板，做出一份好简历还不是分分钟的事吗？然而，投了好多家公司都杳无音信后，小呆开始反思自己对简历的态度。

　　会存在一张决定命运的纸吗？决定命运的因素很多，比如投胎、结婚，一张纸能有多少重量，居然可以决定一个人的命运？如果真有这样一张纸呢？那也一定是彩票吧，而且位数越大越能颠覆人生啊。

　　彩票的确可以改变一个人的命运，但对于大部分人来说这个概率低得可以忽略不计。与其把希望寄托在一张"不可能"的纸上，不如把希望转移到一张我们每个求职的人都能掌握的纸上——求职简历。

　　一份好简历给我们带来的机会是难以估计的，比如，进入一家好公司让自己的职场生涯有一个高起点，或者找到一个与自己非常匹配的企业，能施展拳脚、大展才华。

　　"资深 HR 手把手教你制作简历""500 强企业喜欢的简历""如何制作一份能 100% 收到面试的简历"，类似这样的文章在网络和职场类书籍中多有出现，可以说制作简历这个话题已经被说得很多了，那这里讲的原因有以下两点：

① 市面上的书或网络中的文章内容不够全面，对细节讲述颇少，比如对行间距、字体、项目符号等忽略或轻描淡写，孰不知很多时候恰恰是细节决定成败；或者只强调中文简历的制作而没有告诉你英文简历如何写，要知道现在的好企业都是需要提交英文简历的。到底要怎么写？

② 写简历的方法很关键，并不是你随便写写就可以过关的。

基于这两点原因，通过学习，然后开始运用文中提到的原则和方法即可轻松动手制作、修改自己的求职简历。

1. 什么样的简历是一份差简历

在开始制作一份好简历前，先来谈谈什么样的简历是一份差简历。如果你是一位新手求职者或者屡投不中者，在看完这个标题后可以翻出自己的简历。

十年前我找工作时，制作简历的课程、书籍和文章还不多，简历的重要性也没有被如此强调，加上自己惰性使然，所以我的第一份简历就是一张苍白、丑陋的纸。毫不夸张地说，对于素未谋面的两个人来说，简历就是一个人的形象和气质。现在想想那时的我是多么自毁形象。

一份差简历可以有很多张面孔，但万"差"不离其宗，它们一般都或多或少符合以下特征：

- 页数：超过两页；
- 标题：千篇一律的"个人简历"；
- 教育背景：学校＋专业＋学位；
- 工作经验：要么空泛、要么写成职位描述；
- 校园／实践经验：偏流程性描述；
- 特长／技能：任意编造，或认为是套路所以随便写写；
- 页面整体：不整齐、挤作一团或大幅留白；

● 语言风格：平铺直叙，没有亮点和重点。

对照看看，你的简历中了以上几点？

除此之外，还需要了解以下几个数据：

● HR 在每份简历上花的平均时间为 *15 秒*；

● 每 *245* 份简历中会有 *1* 份获得面试机会；

● 大公司一般 *1* 年收到超过 *10* 万份的简历；

● 刊登一个招聘岗位，可以收到 *200* 份简历；

● 其中有 *85%* 以上的简历结局是扔进垃圾桶。

为了证实这些数据并非耸人听闻，我特意采访了我的两位同学，他们分别就职于腾讯和沃尔玛，都拥有 8 年以上的 HR 经验。对待一份简历他们是这么说的：

"整场招聘下来一般会收到几百份简历，通常我们会拿出半天的时间去速读每一份简历，海选时在每一份简历上停留的时间不超过 20 秒，有时看完后甚至连性别都不知道，实在是因为简历多如牛毛，无暇顾及，只能抓关键词（每一个行业、职位、公司的'关键词'都不同，但通常与技能、专业有关）。一般海选过后会筛选出 20% 左右的应聘者进入下一轮面试。在这个阶段我们才会比较仔细地去看挑出来的每一份简历，针对背景和经历去想面试问题。进入这一环节的应聘者通常都能拿到面试的机会。"

所以，有时候决定你命运的就是最开始的那十几秒。一份好的简历需要在 *20 秒内 "搞定" HR*。

2. 一份好简历的诞生

虽然简历可以各人有各样，但一份好简历也有标准和共性，即：

- 优秀性和独特性；

- 具体化原则；

- 画风令人舒服。

前两条针对内容，最后一条针对形式。

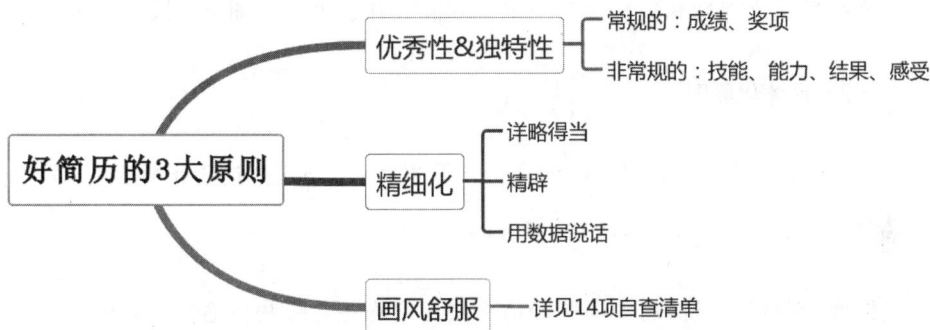

（1）优秀性和独特性原则

"优秀性和独特性"是一份好简历的核心。因为没有 HR 会给一个他们觉得不够优秀的人发出面试通知和 Offer，所以，你的简历有必要展现出你最亮眼的那一面。即使你并不优秀，也没什么突出的亮点，但一份成功的简历也要能让 HR 看完后产生"你还不错"的感觉。

当然，并非让你去弄虚作假，写简历不像发在朋友圈的照片，需要你添加滤镜＋大量修图，而是要体现真实性。

优秀性和独特性并非狭隘地指成绩和奖项，那些能突出你技能、形象、实力和结果（并非单指成果）的事情都可以纳入这个范畴。

获得国家奖学金是优秀性，在一份实习中核对数据做到 100% 正确率也是优秀性；参加数模比赛夺得一等奖是优秀性，在家教经历中使得学生的成绩在两个月内从 50 分提高到 90 分也是优秀性。所以，仔细回忆每一份经历，想想：

你当初是不是通过层层筛选获得某个活动或实习的机会？

是不是为数不多这么去做或者拿了奖项的人？

是不是没有耀眼的奖励却拥有了一些独特难忘的体验、收获和成长？

这些都是优秀性和独特性。一定要脑洞大开、事无巨细地去回忆、思考。

（2）具体化原则

"具体化"并非让你对自己的经历长篇累牍展开描述，这违反简历的"简"。具体化不是长和多，它包含两层含义：

你要会辨析一份简历中那些经历需要详细陈述、哪些一笔带过即可；

你要知道如何精辟地描述一段重要的经历。

具体化就是精辟、抓住要点。

大部分人的简历在描述经历这项中最容易犯的两个错误是：要么太空泛、要么太细节。前者像岗位介绍，后者则过长，让亮点淹没在了细节中。比如，我的一位客户曾在美国四大会计事务所之一的 KPMG 实习，其中一项工作就是整理发票。在她的第一版简历中她是这么描述自己这项工作的：

× 核对、整理发票。

确实挺言简意赅的，但信息量非常低。HR 看完后丝毫不知道这项任务你做得好不好，与他人有什么不同之处？以及透过这项工作你展示的个人形象或能力是什么？

不要觉得简历只是罗列信息，好的简历就是一张照片、一份介绍、一张清

单，它能让 HR 读到你是一个什么样的人。

这位客户遵循了优秀性和独特性原则、具体化原则后将这项任务改写为：

√ 运用 Excel 中的算法完成核对和发票整理，使得精确率达到100%，为财务部提高了 50% 的工作效率。

解释一下，50% 这个数据并不是胡乱写的，而是根据她所在部门的实习生的工作量计算得出的。不算长和烦琐的一句话，当中却包含了你的技能掌握、你的工作成果、你对部门的意义。

具体化原则很重要的一点就是尽量用数据来说话。相较于"出色的""优秀的"这些形容词而言，精确的数字更具说服力。比如，同样是罗列奖学金，如果你这样写：

× 获得 2016 ～ 2017 二等奖学金。

可能 HR 并不觉得你有多了不起。但换成：

√获得 2016 ～ 2017 二等奖学金（Top 5%）。

一个简单的数字就能凸显出你的优秀性。

（3）画风令人舒服原则

千万不要小看形式，如果"外貌"不好内容即便再好 HR 可能也没有读下去的欲望。

"舒服"是一个非常主观的感受，但有一些审美标准是人类通用的，职场也遵循这个原则，请对照 14 项自查清单，检验一下自己的简历"长相"是否合格。

项目	正确做法
页数	90% 的初次求职者简历都没有超过一页的必要，除非你的经历特别丰富且每一份经历的含金量很高； 如果多于一页请务必"撑"到至少一页半，那种一页只有三四行的简历，观感真的非常浪费，且令人闹心； 同理，也不要出现一行多几个字的排版，要么压缩至一行内完成，要么扩充到至少一行过半
排列	不一定按照日期排列，可以按照经历的重要或相关程度进行排列。通常 HR 只看一页简历的前 80% 的内容； 排列时务必做到归类清晰、呈块状展现，比如教育背景中可以包括就读的大学、海外学期交换等；实习经历不要和校园经历或社会实践（比如田野调研、志愿者经历等）混写，HR 会看得很晕
字体、字号	一份简历请不要超过两种以上的字体，个别设计类岗位除外； 字号也遵循同样的原则，两种字号足够，不要忽大忽小
留白	可以调整页边距，但请不要过分"压迫"它们，而一份留白太多的简历又会让人觉得"这位应聘者经历相当少吧"，通常，word 的页边距选择适中或窄即可
照片	在没有要求附照的情况下，如果你想呈现照片请遵循以下两个原则： ① 你本人颜值较高； ② 得体、端庄的近照，不要修图太多，以免落差太大让面试官产生受骗的感觉而直接被淘汰
对齐	首尾必须择其一对齐，尤其是有日期出现时，请确保所有日期纵向在一条直线上
项目符号	一份简历中不要出现两种以上的项目符号，一会儿圆点、一会儿对勾、一会儿又小三角的，会让人觉得非常凌乱
加黑加粗	请谨慎使用。只在最关键、最亮点的地方点出即可，整句甚至整段标黑标粗相当于没有强调
课程罗列	不是必需的，但如果要求罗列请选择得分最高、与应聘岗位关联最大的专业课罗列即可，三四门足够
封面、打印	封面和彩色打印都不是必需的，如果没有要求可以不用做
简历题目	用自己的姓名替代"个人简历"四个没有意义的字
爱好、特长和自我评价	如果没有要求、没有多余的地方请不要写，因为 HR 并不会看
保存和命名	完成一份简历后请一律保存 .doc 和 PDF 两种版本； 发给 HR 的简历如果没有特殊命名要求请以"姓名＋职位＋个人简历"的格式进行命名，方便 HR 存档、查找
标点符号	每一句结束要么用句号或分号，如果用分号最后一句请用句号；要么全篇不使用标点

现在有很多在线制作简历的网站和工具，比如"乔布简历""五百丁"以及国外网站"ResumeRepublic"，上面一些不付费的模板也非常赏心悦目，且操作很方便，如果你不擅长排版，不妨一试。

3. "English Resume"和求职信

虽然切换到了英文，但与中文简历一样，原则是不变的。英文简历依旧遵循：优秀性和独特性原则、具体化原则、画风舒服这三种原则。

只是，在写英文简历时请注意以下 5 个小细节：

● 时态。过去发生的经历请务必用过去时，现在还在进行的工作、项目可以使用现在时。

● 尽量统一用动词开始每段经历的描述，看上去更能突出人的主动性。

● 动词使用做到多元化，不要总是用"worked""organized"这两个词，学会使用"成果 +by/through+ 方法 / 技能"这个结构来组织英语句子，可以更清楚地展现出你的优秀性和独特性。

● 使用常规字体、字号，比如 Arial 10.5 号，而不要使用艺术性强的字体。

● 对于母语不是英文的求职者，如果你应聘的工作很看重英文水平，最好在自己完成简历后找英语是母语的人再帮你检查、修改一下，不要犯低级错误。

求职中，除了简历，还有一份材料——求职信。

到底有没有必要写求职信呢？

我的建议是：如果对方没有要求，那你最好还是写一封。因为这是让 HR 多一个渠道了解你。他们看不看是一回事，但我们不能主动放弃。

想让 HR 多看一眼的求职信一定不是用充斥着官方语言的模板写成的，而是非常个性化的一份材料。

求职信的一大特点是*短*，一般控制在 300 字左右，篇幅太长的话，会让 HR 连看的耐心都没有。

另一个特点就是*个性*。我曾经收到过一封让我"不得不看"的求职信，是用图表 + 思维导图的形式来展示自己，我给了这位应聘者面试的机会，因为我从中看到了他的创意和诚意。

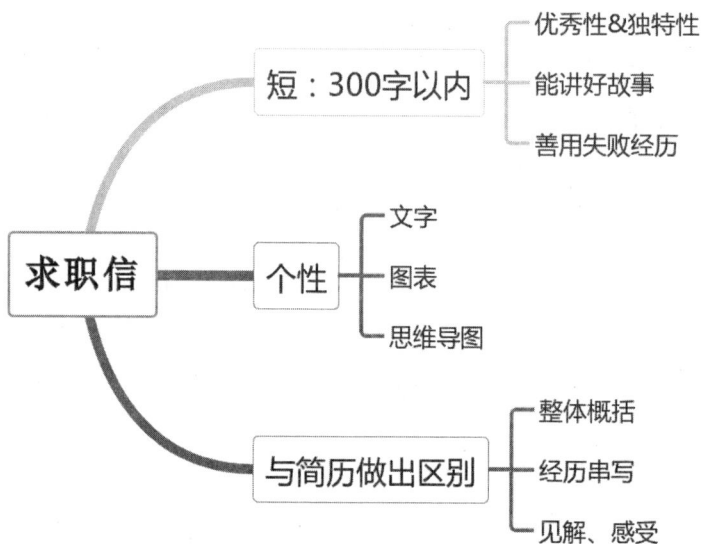

无论你采用何种形式，很重要的一点是，请记得*不要让你的求职信与简历内容相同或者重叠*，求职信可以是对你个人优势的概括介绍、可以是对你过去经历的串写、可以是你对应聘的岗位和公司的独特见解。

总之，在这 300 字以内，你要把你优秀的、独特的、个性的方面择其一展示给 HR，让他对你产生印象，然后多花点儿时间在你的简历上。

简历绝对是我们人生中非常重要的一张纸，值得每个人花心思去对待它。

做到这 3 点，面试官立刻被你征服

开 篇 语

> 　　每次一到面试的前一天小呆就紧张得睡不着觉。平时和别人说话也挺顺畅的，不知道为什么一看到面试官整个人就懵了，之前打好的腹稿也忘得一干二净。其实大部分面试做得不好只因为一个原因：准备不够！

　　小 Y 是我的一名客户，他毕业于国内 Top5 的大学，本科和硕士阶段成绩都名列前茅，有知名企业实习和海外志愿者经历，还有各种含金量挺高的比赛获奖。总之，从简历上看怎么都是一名值得被好公司录用的员工。事实上，小 Y 投完简历后的面试率的确很高，达到了 90%，但面试了 5 家后居然没能拿到一个录取通知，沮丧之极，他向我寻求帮助。

　　我们的第一次见面约在他学校的咖啡厅，那天我刚从那里做完讲座，结束后见了他。在和他聊了有 10 分钟后，我就明白为什么 HR 不愿录取背景如此优秀的小 Y 了，在他身上我见到面试中最常见的三大问题：

　　① 败给了第一印象；

　　② 讲话太单调；

　　③ 回答问题没有逻辑（很难想象一个理工科学生会犯"没有逻辑"这个错误）。

　　不管你的背景是像小 Y 这样的优秀，还是普普通通、没有亮点，如果你拿

到了面试的机会却总是没中，问题一定出在面试环节。所以，你需要提高自己的面试技巧。

面试有技巧吗？当然有！

1. 请丢弃面试中的那些"常见策略"

谈到面试就不能不说一个经典话题：自我介绍。这是所有面试的开场白和必答题。如果你的自我介绍是这样的：

"我叫×××，毕业于××大学××专业，我曾做过××实习，在这份实习中我表现良好，得到了领导的好评，这份实习给我带来了××的体验；另外，我还参加过××比赛，拿到了××奖项，这份经历让我意识到×××……"

拜托，请你一定要把它丢掉。

那些简历上都有的内容为什么还要重复一遍？如果你想要一个出彩的自我介绍，首先要弄清楚自我介绍的目的是什么。

很简单，自我介绍的目的就是要给面试官留下印象，无论这个印象是好的、独特的、难忘的，总之就是要让他记住你。所以别再像网上介绍的面试技巧那样去介绍自己了。作为曾经的面试官，如果每天要面试 5 ～ 8 人，HR 是一个也记不住的。

好的面试和好的简历一样，也遵循优秀性和独特性这个原则，二者你总要抓住其一才能成功。尤其是涉及面对面口头表述时，更加需要展现出你的优秀、独特。自我介绍也遵循这个原则。所以，千万不要去把简历上已有的经历变成口语再复述一遍，你需要做的是从中选出最有代表性的两三件事，把它们组织成一个个故事，从故事中延伸出自己的优势、优点、能力，让对方听完后能记住故事、了解你。

与其去泛泛介绍自己的实习经历，不如挑出最有代表性的一件深入去谈。比如，你曾在大学期间做过家教，在简历上你肯定会写明补习科目、补习效果良好这类内容，当面试官再问你这段经历时，可以从在这段经历中做得好的地方、锻炼到的能力、最深的感悟、这项经历对目前应聘的岗位有何帮助等这些角度延伸去谈。

试着用下面的几个问题去串写一段经历，它们能让你的故事更精彩。

● 为什么会想去做这份实习——动机很重要，它能反映一个人的觉悟，可以是想历练自己、不想蹉跎大学时光、赚取学费等，符合真实情况就好。

● 在这份实习中你做得好的地方是什么——可以和自身比较，比如从过去什么都不懂到掌握了 xxx；也可以横向比较，比如和同期实习生相比，你做得漂亮的地方是 xxx；有横向当然就有纵向，比如，作为实习生你参与的这个项目已经达到了工龄 2 年正式员工的水平，当然，这个评价最好是有据可循。

● 怎么做成的——使用的方法、工具、技术等。

● 感悟——一定不要简单地说"收获很多""成长不少"这类没有信息含量的话。自我介绍除了要展现优秀性、独特性，另一个原则就是尽可能的精细化。说说这份经历对你的专业、能力、技术上的具体帮助、对你未来想参与的行业起到了何种抛砖引玉的作用。

总结下来就是：在面试前你的自我介绍、每一段展示在简历上的经历都是精心准备和练习过的。它们是自成一体、有论点、有事实、条理清晰的小故事。当其他应聘者还在假大空时，你做到叙述有理有据就已经成功一大半了。

如果你确实背景平平，无优势和亮点可谈（虽然我相信这不大可能，因为无论多么普通的经历，求职者都能从中挖掘出亮点），*不妨另辟蹊径谈失败和教训*。通常我们觉得这些负面信息会对面试减分，其实不然，如果你谈得得体反而能让面试官对你印象深刻，毕竟这是一条"少有人走的路"。

谈失败和教训的主要目的不是为了示弱和后悔，而是要通过"失败"去展示出你对自身、行业的认识，以及失败后弥补、提升的计划。

比如，你在一家咨询公司实习，工作内容是打陌生拜访电话收集反馈、筛选优质数据，但可能是第一次做，所以你完成的效果并不好，和有经验的人请教后，也许你可以总结一下是自己沟通出了问题还是效率太低导致结果不理想，然后去谈如何改进。这样的故事因为体现了你在其中的能动性和思考力，远胜于泛泛而谈的成就。

求职、招商、寻找投资人……都需要会讲故事。会讲故事的人在未来才有出路。你的外形可以其貌不扬、声音可以不浑厚，但当你开始开口谈论自己时，那一个个娓娓道来的故事足以抓住人心。

也许你会有这样的疑问：听上去我需要讲一个很长的故事啊，时间怎么办？友情提示：无论多好的故事都请在两分钟内完成。这意味着：

① 你需要精挑细选自己的经历；

② 你需要提前准备，好好组织语言；

③ 你需要牢牢熟记故事，做到张口就来。

小时候特别喜欢看马三立先生的相声，他的一举一动、一说一唱都特别自然，不免让人感慨他真有天赋。老先生去世后，他的徒弟回忆起先生的刻苦，说师父常说自己在说相声方面是没有天赋的，所以就拼命努力练习。你看他在台上非常自然的一举一动其实都在台下经历过数十次甚至数百次的反复练习，包括何处停顿、讲什么段子时应举手挠眉，都是精心安排和多次练习的结果。

熟能生巧，面试也是如此。那些听上去轻松又精彩的故事都离不开私底下大量刻苦的练习。

2. 碰到群面和压力面怎么办

面试除了一对一的形式，还有群面（指很多应聘者同时在一个固定场所、时间、规则下进行面试）；从风格上来说，除了我们经常碰到的普通面，还有压力面试。这里也阐述一二。

我的两次求职都经历过三、四轮面试，录取率均低于 10%。既有单面和群面，也遇到过气势很吓人的主管进行的压力面。面对群面和压力面，最有效的方法就是拥有一个好心态。

如果你的自我介绍和故事准备得足够好，现场压力会小很多。所以，提前准备妥当尤其必要。除此之外，根据我个人的经验，在群面中建议参考"第一人"原则。

所谓"第一人"原则就是在群面中凡事尽可能做第一个行动的人。

我的第一次求职是应聘一家世界五百强公司的管培生，当时现场有 20 位应聘者。第一项考核是自我介绍，每人一分钟。当时我也不知道哪里来的勇气，第一个冲上台去做了自我介绍。第二项考核是 20 人分成四组，HR 给每组一道题目，让每个团队用 15 分钟讨论出解决方案。在这个过程中 HR 会在各组间巡视、评估、打分。整个环节中，我虽然不是提出最好主意的人，但一定是发言最多、最能掌控全场的那个人。每次一有想法，即便不成熟我也会积极发言，而当大家七嘴八舌讨论火热甚至偏题时，我又会用一两句总结的话把大家拉回正轨。所以，当 HR 宣布 20 人中最后有 5 人进入下一轮面试时，很荣幸我成为其中之一。

你要明白，"第一"往往让人印象深刻，即便它不完美；而面试官也并非真的指望你提出"解决方案"（这类题通常没有标准答案），他考察的只是你在讨论和团队合作中的表现。

如果你运气不好，碰到一位很严肃的面试官，造成现场面试气氛很压抑（无论他是有意还是无意），记住一点就好：这无非是一次面试，也许会对你的人生有影响（话说回来，我们做的哪件事对自己的人生没有影响呢），但并不能就此决定你的人生成败。用一种淡然的态度去面对低气压，往往更有可能成功。

我的第二份工作面试就是如此，因为在其中一个环节中需要用英语讨论、作答，而英语是我的一个弱项，也不是当下就能解决的问题，所以我反而放松、释怀了，用最简单、简短的句子去交流、回答。进入终面的三个人中，我是唯一被录取的那个人。

3. 别让看上去无关紧要的小细节毁了你

作为有 8 年工作经历的职场人，我被面试过、也面试过别人。作为面试官时，我经常感慨：很多面试者还没来得及拼实力，就已经毁在了一些小细节里。这些小细节都是面试的常识，做好了能为你的面试增添色彩，做不好也能让你苦心的准备付之东流。

（1）千万别迟到

这是老生常谈、也是基本常识，但如此简单又必要的事依旧不是每位面试者都能做到。大家迟到的借口大部分都是因为第一次来，对路况和位置不清楚所以导致迟到。稍有心思的会在即将迟到时打个电话给公司说明缘由表示抱歉；没心没肺的那一类人已然拿迟到 10 分钟当家常便饭了。无论你是有心思还是没心没肺，对于迟到的面试者我都只有一句话奉送：除非你路上遭遇事故或重大变故，其他任何借口都不会在面试官内心被真正接受，印象分从你不准时的那一刻起，就会直接降到负分。

（2）着装适宜

不管你要去应聘的这家公司多前卫、氛围多开放，身为一名尚未被录取的外人来说，面试着正装是仅次于"不迟到"排在第二位最基本的礼仪。最普通的职业装也是最安全的装扮，你去面试时如无特别着装要求和说明，请怎么安全怎么来。当然，如果你面试的公司是属于设计、创意、时尚类的公司，请咨询过来人的建议。

还有一个*小技巧*：可以在官网上查看公司内部举办活动、年会时员工的着装照片作为部分参考。

（3）面试前务必对公司、应聘职位做好调研

即便不是你最称心如意的公司，只要答应了去面试就请提前做好调研，以全力以赴的状态去面对。除了使你获得录取的机会提高外，还有两点益处：①对每次面试都有一个交代，不断提升面试水平；②让"做好充分准备"这个好习惯有持续性，从而逐渐让优秀成为一种习惯。

两年前，我面试过一位应聘者，其准备之充分让我记忆犹新。他不仅对公司的历史和所要应聘职位了然于心，甚至在面试的前一天来现场踩点，并注意到写字楼内公司的指示牌标注不清，临走时对此提出了修正意见。这样的应聘者且不论能力是否与岗位匹配，单就这份用心就让面试官五星好评了。

（4）熟记应聘公司和岗位

面试官最忌讳的情况就是：当通知你来面试时，你完全不记得自己投了这家公司。即便你依然赴约，但只要类似于"请能再说一遍你们是哪家公司吗？""我投了挺多公司，请问你们是哪一家？"这样的句子一出口，面试官就已经在内心开始不高兴了。

这年头工作难找，海投可以理解。但海投也需要走点儿心，不要随便群发一通完事。建议对自己投过的每家公司和岗位做书面记录，不需要太复杂，至少在对方报出公司名称时你有印象，知晓经营领域以及自己应聘的岗位。

（5）不造假、真诚作答

虽然面试需要展现自己、尽力表现出最优秀的那一面，但这不意味着你应该去杜撰和编造。因为作为能面试你的人，以 HR 所具备的行业经验和阅人的能力，察觉到你的那些小把戏不是一件难事。当然，自己的优势、能力、期待在这个岗位上做出的成绩还是不能谦虚，要去夸奖和敢想的。如果面试官问到了你的短板，要如实告诉对方。有一个可以捞回一点儿印象分的办法：可以在陈述完短板后补充你自己打算如何改进的计划，让对方看到你的上进心。

（6）如果人不到场，请至少做到电话到场

面试是一个双向选择的行为，身为面试者当然也有权力挑选公司。如果你已经有了满意的 offer 或者对投的这家公司全然无感，接到面试通知时当然可以直接礼貌拒绝。但是，如果你答应了来面试当天又不能参加，至少也要做到打个电话告知对方不能前来赴约。举手之劳，但却可以帮助面试官重新安排工作和计划。当然，如果这个通知能提前一天而不是刚好卡在当天就更好了。

（7）不要求你的行为举止像绅士、淑女，但得体是底线

我之前面试过一位海归硕士，从简历上挑不出毛病。可在我见到她的第一眼后，就知道绝对不会录用她。并非我武断，她的头发凌乱、熬夜后留下的黑眼圈、写满困乏的脸和匆忙间没有对齐的衬衫纽扣都在暗示我"请直接淘汰她吧"。

千万不要以为你的面试开始于面试官拿起简历问你问题时，从你踏入公司的第一步起，你的一言一行、一举一动其实都已经被面试官看在眼里、记在心里了。那种精神萎靡不振、衣衫不整、没有一点尊重之意的面试者，印象分在你还未开口前就已经下滑不少了。无论是等待面试还是正在面试，都请保持精神良好、坐姿挺拔、镇定自若。作为面试官，宁可看到你佯装镇定、故作老成，也不要你所谓的个性、不羁。前者至少说明你的礼貌态度和能区分在什么场合

做什么事的正常智商。

（8）给面试画上完整的句号，一封感谢信不能少

面试结束时记得问面试官要名片或者上网查找他的 E-mail，在面试完的当天就给对方发封感谢信。一方面，对方耗时耗力面试你虽然是本职工作，但不妨碍你通过感谢他而给自己这次面试提高成功率；另一方面，如果在面试中有回答的不尽如人意的地方，通过这封邮件还可以稍作补充或解释，补救一二。

其实写感谢信在国外是非常普遍的一件事，可以发生在同事、朋友、邻居等任何一种关系之间；只是在国内的求职市场上还未形成习惯。你想不到多做的这一小步会为你的前途带来什么样的结果。

避免以上这八个问题，至少你不会输在面试的起跑线上，现在可以进入下一轮，一心一意一地去拼实力了。

总　结

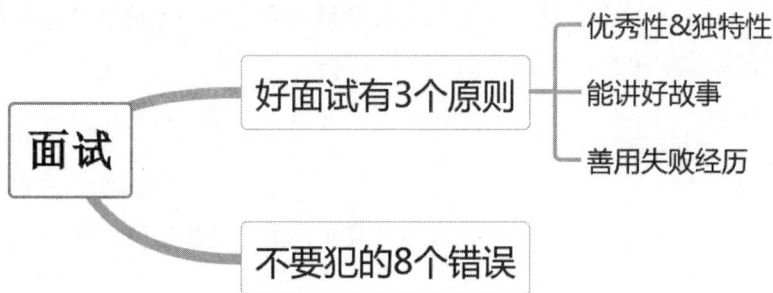

选择工作最重要的标准是什么

开 篇 语

　　小呆看过很多职场类的文章，很多专家都说人生的第一份工作不要太在乎钱，更应该看中平台、技能的收获，以及带领你的那个人。道理都对，可小呆更在乎第一份工作是不是能养活自己、顺带孝敬一下父母。第一份工作选择向钱看，错了么？

　　每年临近毕业季时，我都会收到很多毕业生的发问，通常我们之间的对话是下面这种模式：

　　毕业生 A：思小姐，你说如果我同时拿到大企业和一家前景看上去不错的小公司 offer，我是去大企业好还是去小公司好？

　　我：各有利弊吧。

　　毕业生 A：我想去大企业，收入倒是其次，主要是父母说大企业稳定。

　　我：嗯，这的确是大企业的一个优势，如果你觉得可以接受，也是个不错的选择。

　　毕业生 A：可是在大企业很无聊啊，面对的都是老阿姨和叔叔们，而且那种一眼就看到头的日子过得有啥意思？

　　我：那就去小公司吧，未知系数更大，风险更大，但也更精彩。

毕业生 A：可我在小公司的学长说它们把一个人当五个人用，而且非常不稳定，搞不好第二天起来就失业了。而且小公司在培训机制、升迁机制和薪酬体系方面都没有大企业完善，感觉很混乱。

我：额，好吧，看上去你还是更适合在大公司。

毕业生 A：可大公司都是一个萝卜一个坑，每个人都像机器人，不一定能发挥我的才华。而且听说大公司的薪资虽然稳定，只能保证你饿不死，想飞黄腾达不太可能。

继续这样聊下去，可能我们的对话要进入无限循环模式了？所有的"万一"都被他说完了，稳定、风险、薪资，各种机制看上去分析得头头是道，实则啥都没分析出来。

1. 那些看上去理性的选择方法，真的奏效么？

像毕业生 A 那样考虑问题"事无巨细"的人，我建议完全可以建个简单的模型去理性对比并选择。比如：

（1）大学毕业生的特点

第一次求职；
年龄在 21 ～ 25 岁左右；
对职业 / 行业 / 职能不甚了解；
大多数人目标不清晰；
专业技能欠缺。

（2）大学毕业生最常期待的工作特征

工资高，福利好；
工作环境（物质方面）舒适；

人际关系良好；

工作稳定有保障；

能提供较好的受教育机会；

有较高的社会地位；

工作不太紧张、外部压力少；

能充分发挥自己的能力特长；

社会需要与社会贡献大。

（3）大学毕业生求职会考虑到的因素

地域；薪资；行业；公司名气；职能；知识技能；团队；上下班距离；成就感；各种培训、升迁机制；企业文化；个人倾向；家庭愿望（父母、朋友对求职者的影响和期待）。

然后根据自己的喜好对以上各项进行优先级排列，看看自己最看重的3～5项工作特征是什么，最后根据排列出来的工作特征对各项因素进行排列和加权（见下表），从而得出在几个录取通知（或者有可能拿到的）中选择哪一个才最理性。

姓名：毕业生A			方案A			方案B		
序号	项目内容	权重（1～5）	得（利，+）	失（弊，-）	加权和	得（利，+）	失（弊，-）	加权和
1	薪水	5	5	0	25	4	-1	15
2	兴趣满足	5	3	-2	1	4	0	20
3	上下班距离	3	0	-5	-15	4	0	12
4	家人相处	3	0	-2	-6	3	-1	6
5	成就感	4	3	0	12	4	0	16
6	福利	3	4	0	12	2	0	6

似乎做完表格你应该选择哪份工作也就水落石出了。可是：

① 抛开数字和理性分析，这份工作真的是你内心最想要的吗？

② 如此慎重的选择真的有必要吗？

③ 你现在按优先级排列出的这些因素，在未来多久可以保持次序上不会发生变化？

我之所以提出这三个问题是因为，一方面，你的工作就是你的第二伴侣，甚至比生活中你醒着时面对伴侣的时间还要长，选一个情感上不温不火、甚至还有点儿排斥的工作你能维持多久？另一方面，第一份工作的确对我们意义重大，但远没有你想象的那么重要。我们一生会遇到无数选择，它们都能对我们产生影响，所有选择，一定有对有错、有利有弊、有得有失。

所以，这种看似理性派的分析未必真的好用。

2. 不妨优先考虑，打好"经济基础"

难道就没有一个让人痛快做抉择的方法吗？当然有，那就是先夯实经济基础！

几乎每一次，有人问我选择一份工作最该看重什么时，我都会说，刚工作不妨实际点，把温饱生存问题先解决了。当然，以钱为参数需要满足两个前提：第一，你缺钱；第二，你是比较以金钱导向为驱动力的人。这两点一摆，估计能包含 90% 的人了。

这里的薪资不是单纯指薪资，而是在一份工作中与钱有关的所有要素，包括：月薪、年薪、时薪的计算（收入好不代表月薪高，时薪高才是真的好）；期权和股份（如果你刚好选择一家初创公司的话）；各种福利和补助，比如中秋节的月饼券、交通补贴、餐费补贴、公司每年是否会组织国内或海外旅游；以及每年薪资的涨幅情况。

全部算下来，同样的行业和职位，如果一家比另一家的薪资高出至少 20%，请不用考虑其他因素，选择薪资高的那家就职吧。为什么至少是

20%？因为很多大企业的普通岗位每年薪资的涨幅是 10% 左右，怎么也要比这个数字高吧。

可是，现在很多企业招聘员工开出的条件远比薪资条件要酷炫得多。比如很多初创公司的福利只有想不到，没有见不到的。滑板车、带狗上班、咖啡室、免费点心和午餐——这些已经不稀奇了。瑜伽课、按摩理疗、针灸、预付 Uber 账户等花样更是层出不穷。

公司提供这些福利的初衷当然是好的，特别是创业公司的工作对人要求极高、强度很大。像谷歌那样的公司很早就意识到，如果员工少花些时间琢磨午饭吃啥或什么时候去洗衣店取衣服，对员工和公司都有好处。

这里的先打牢"经济基础"并非鼓励大家以金钱为职场驱动力。的确，优厚的薪资能让我们有更好的生活质量有实力去充电提升自己、能让我们为自己的家人提供一臂之力，但这绝不是我们工作的唯一目标。

说到底，人是想要实现自我价值的生物，而工作也是实现的渠道之一。你的工作最终带给你的成就感还是取决于你是否实现了自己的职业理想、是否能成为更优秀的自己。

比如，很多毕业生倾向于第一份工作进一家知名大企业，虽然薪资不一定比得上正当红的小公司，但稳当，而且有完善的培训体系。可是你想过吗，那些大企业的体系、流程和标准也许完善，但未必能做到因材施用适合你。它们的培训就好比是大班授课，无论学生什么水平，一律按教材和进度走，不会在意个性化教学。而在一些小公司，可能是老板直接带你，虽然没什么章法，但你能接受到他最细致、最直接的教导，从而深得衣钵，就像小班教学一样，培训更加个人化。这种进步和收获是你在大公司感受不到的。

基于以上原因和分析，我才会直言不讳地提出在选择工作单位时请首先考虑钱这个重要因素。如果你恰好不是一个以金钱导向为主的求职者，可以先建立自己看重的选择标准，比如公司文化、个人成长或者钱少但工作轻松等。

3. 还有哪些标准可以列入考量范围

除了优先考虑薪资外，建议也可以把下面四个因素列入考量范围，至少可以避免你选到不好的单位。

（1）团队

现在很多工作是由多个人来完成的，我们属于一家公司，但首先属于一个团队，所以选择一个靠谱的团队非常重要。

在面试时多了解团队领导的风格、团队氛围、成员之间的相处，以及非常重要的一点，这个团队在整个公司的地位。一定要了解入职时隶属于什么部门、该部门从事的业务，如果不是核心部门，做的不是核心业务，要慎重考虑。

（2）收入的稳定性

如果你选择投身创业公司，请务必弄清楚企业所处的融资阶段、业务是否稳定，因为它们将影响薪资的稳定性。一家发展前景不明朗的公司，即使有一个比较高的初始薪资，很可能仅仅只能拿几个月。

（3）产品

产品是一家企业的核心，如果该公司的产品没有亮点，并且市场上很多同类型的竞品都做得很好，那么对这家公司的录取通知就要慎重考虑。

（4）遵从内心

选择去哪家公司时不要被朋友、同事、家人的观念所影响，不要盲目对比，而是要多从自己的内心，个人志向、兴趣爱好这些因素入手考量。薪资、团队这些硬件固然重要，但一味追求难免会跟风陷入误区。有句话说得在理，好的薪水不仅要拿得高，更要拿得久，只有真正遵从内心的工作才能实现长久。

提示：你是以金钱为导向的人吗？如果不是，请找出自己看重的一些东西，让它们成为你的选择标准。

第 2 章

职场精英养成记

"努力"在职场中重要吗

开 篇 语

> 小呆伏案加班好几天，某晚一位职场前辈临走前对他说，年轻人就是单纯，以为努力工作就能升职么？小呆很困惑，自己努力，错了么？

职场中，我们如何才能迅速升职加薪、走上人生巅峰？

有人说，干得好不如表现得好，你得会在领导面前扮演"上进好员工"的戏码才行；有人说，你要"上面有人"才是王道，否则为啥万千人之中非你不可；有人说，职场上你得学会"拍马屁"才能混得风生水起，没有人是不爱被人夸赞和吹捧的。你得有高情商、你得有好的沟通能力、你得懂团队协作、你得圆滑讨喜让人人都爱你才能吃得开、走得远……看上去通往成功的道路有千千万，每一种说法都如真理。

其实，这些人的说法并不见得正确，最主要还是得自己努力，让自己有实力。

没错，职场晋升的路再多，拨开云雾后你会发现只有"努力"二字。

不知从何时起，"努力"成为一个被打入冷宫的标签，只要一开口谈努力就会被大家嘲笑。为什么？我想，大概是因为"努力"太缓慢，它不能让我们有那种一步登天的感觉。就像龟兔赛跑的故事，结局再励志，也没有真正几个人愿意去当乌龟。

可必须得承认，大部分人、包括我在内，的确没有过人的才华，我们仅剩努力可以去搏一搏。还有救么？

那就去拼努力吧，因为虽然这不够酷，但它是我们唯一可以掌控且取之不尽的资本。

无论有多少捷径，努力在职场中永远是不会过时的经典款。因为，首先职场和社会一样，也是一所大学，里面科目繁多——从业务、人际到管理，每一项功课都很难，如果不拼尽全力怎么毕业、怎么成为经典传奇？

佳佳姐就是我身边通过努力成为传奇的一个经典例子。

作为我的前任领导，离开原公司跳槽到新公司后，用了不到两年的时间，年薪就从过去的十几万变成现在的 40 万，级别从一个小顾问直接蹿升到手下有十来人的中层管理者，现在又升任为区域总监。佳佳姐在工作上是典型的处女座＋拼命三娘。

当我一天约谈 4～5 个客户连续讲了 5 个多小时的话，已然觉得累得够呛时，她却还能在回家的地铁上用电话再谈两个客户；

当我从早上 9 点工作到晚上 9 点、连轴转了 12 个小时分分钟想辞职时，她在晚上 10 点到家后依然能气定神闲地打开电脑工作到凌晨 1 点；

当我觉得年终工作总结已经改了 3 版肯定无可挑剔时，她已经在修改第 7 版总结了。

小到文档这样的事她都做得一丝不苟，所有文稿，从字体、字号、行间距到边框距离永远都有严格的标准和要求；

大到服务客户，她给客户的反馈意见总是超出客户期待，让客户对她的工作态度产生敬佩之情；

她也从来不介意吃饭和看电影时被打断，只要电话一响，随时进入工作状态；

她休年假、春节假甚至在境外旅游，手机、微信、邮箱也会保持 7/24/365 无阻碍畅通。

佳佳姐从工作第一年开始就用这样的态度对待每件事，从未松懈过。从她那里我明白了一个道理：把努力工作当道理的人会和你谈工作热情，而把努力工作当真理的人只会拼努力。

除了努力我们才能从职场这所"大学"合格毕业外，还要努力的一个重要原因是在职场中竞争很激烈。

前段时间我和小叔通电话，他说"我真不明白你们这代小年轻干吗那么喜欢去北上广，天天加班连个加班费都没有，有意思吗？换作是我，没有加班费我是不会开工的"。对像我小叔这样出生在二十世纪五十年代，吃惯了大锅饭、喜欢混日子的普通工人，去讲"北上广不相信眼泪"他们是不会明白的。但如果你曾经因为加班搭乘过最后一班地铁、熬过通宵赶项目、见过深夜下 CBD 一幢幢冰冷的写字楼里亮着的灯光，就会明白我们不得不选择努力只是因为不想被迅速、狠狠地甩在别人身后。

电视剧《小别离》里的海清，她凭借自己的努力成为公司骨干和中层领导，不还是因为家庭缘故稍一"松懈"就给人有机可乘，从核心部门的领导降为专管修理、订机票的后勤部部长了吗？

再看看每年胡润 80 后富豪排行榜上的年龄和身价数字、看看一批又一批 90 后成为 CEO、看看大把 00 后"后来者居上"大红大紫，还有什么理由不拼命？

这是一个前无退路、后有无数"追兵"的时代。"不进"的后果不是被甩在身后，而是很有可能直接丧失生存的权利。

而且"努力"是全世界的通行证。人们会因为文化、语言、习俗、地域、信仰有隔阂，但不会因为"努力"而有分歧。来美国前，我一直以为全世界只有咱们中国人是最努力的，来了美国后才发现，美国人也不是只会开 Party、吃喝玩乐，他们拼起来也很吓人。美国人有多拼，从吃午饭这件事就能看出来。

在很多美国人的世界里是没有午餐这回事的，他们吃午饭就和闹着玩一样，有这样几个特点：

第一，不在正点儿和餐桌前吃。

有一次因为吃了罚单，我想去咨询看看能否免掉或减轻罚款，所以就预约了律师。按照指定的时间和地点我到了律所，刚好门口的石凳上坐着一个人，一边吃汉堡一边喝矿泉水，我想确认一下地址是否正确，就问那个人，没想到他居然就是我要找的那位律师。

美国律政剧里演的律师一个个都风光无比，穿着订制的西装、出入高级餐厅，完全不像我面前这位律师的样子啊。虽说他也穿着西装、拿着公文包，但坐在路边啃汉堡这一点怎么看都像是一位入职不久忙碌、勤奋、又没赚到钱的小销售。

不是所有美国人都不在餐桌前吃饭的，但他们在午饭时确实不太讲究地点，马路边、咖啡机旁、休息区的沙发上、甚至站着吃，总之就是怎么方便怎么来。至于正点儿吃饭这件事，美国人完全不在乎。两三点拎着牛皮纸袋、拿着饭盒准备吃的人大有人在，分不清是午饭还是下午茶。

第二，吃午饭时也不闲着。

以前在国内上班，午休是美好的时光。通常四十分钟到一小时，大家在休息区围着餐桌边吃边聊，然后洗完饭盒、还能去公司楼下的奶茶店、咖啡馆买点饮品，顺便晒晒太阳。这份闲暇在美国人看来是不可思议的。

我有个朋友在美国 LinkedIn 工作，他说谁说我们没午休时间？我还是会和同事们一起在公司食堂吃饭啊，然后大家边吃边讨论工作。真是充满智慧的一顿饭啊。

在美国两年多，我对美国人的午休时间表示无比同情，吃得太少，且几乎没有休息。为什么美国人如此不拿午休当回事呢？

我身边从事脑力工作（科研工作者、教授等）的朋友居多，就这个问题采访他们时，所有人给我的回复都是：希望大脑保持清醒，不影响下午的工作。

在采访时他们经常提到一个词叫 Food Coma，直译过来是"食物昏迷"，其实就是我们常说的吃饱了犯困这种状态。

斯坦福大学的研究人员发现，小肠会分泌一种叫胆囊收缩素的物质，这种物质与睡意有关，一般在饭后两小时内胆囊收缩素会明显升高，人们的睡意开始增加。当我们吃得过饱或者食物中含有较高脂肪时，胆囊收缩素水平会更高、睡意也会更强。

在美国从事脑力劳动的工作者非常注重让自己的大脑保持清醒，他们的午饭通常都是以蛋白质、蔬菜居多，碳水化合物和脂肪含量都很低，并且会刻意吃少一些，减轻大脑负担。这也是通常我们所说的，在美国越富有、层次越高的人反而越瘦的原因之一。

除此之外，很多美国人被职业道德捆绑太深，牺牲休息时间去工作是一种被默许甚至提倡的行为。

美国的商人们也乐意配合这种现状。走进任何一家美国超市、便利店，如果不算排队结帐时间，两分钟就能买到质量不错的工作午餐：已经配好的蔬果沙拉、切成小块装盒的水果、烤好的比萨、包装好的三明治……随拿、随买、随吃。

没来美国前，我一直以为美国人工作很轻松，特别会玩、会享乐，动辄就开着房车周游全国。其实完全不是这样，美国在所有经济发达国家中的拼搏和努力是第一位的。

根据盖洛普民调显示，美国成人平均每周工作 34.4 小时，超过全世界其他经济大国，超过 60% 的人每周工作 47 小时，相当于每周工作 6 天。

同欧洲、澳洲等其他发达国家相比，美国人的假期也是最少的。在美国工作第一年没有年假，第二年才能休年假，但不能连休 5 天以上。像奥地利、德国、澳大利亚等国为公民提供每年至少 30 天的年假和公共假日，而在美国，这一数字是 0。美国的确也有公共假日和年假，但其他国家把这当作员工的基本权利，而在美国，则成了一项额外福利。

就连产假这种非常重要的假期美国都给得极其吝啬。美国是世界上仅有的三个不提供法定产假的国家之一。目前也只有加州、新泽西、马萨诸塞州和罗德岛四个地区拥有带薪产假的相关法律。其中，新泽西最慷慨，提供六周产假，薪资是平时的 2/3。当我告诉美国的妈妈中国的产假根据各省规定从 128 天到 180 天不等、并且法律规定假期内照发工资，不影响福利待遇和全勤评奖时，她们都要疯了。

即便假期已经是发达国家里最少的了，美国人休假还是休得胆战心惊。

根据美国的经济及政策研究中心调查，美国有四分之一的私营企业员工从未享受过带薪假期；有 28% 的人在休假时担心工作进度落后，17% 的人害怕丢掉工作；19% 的人愿意放弃假期来保持职场竞争优势从而获得晋升机会。

在美国，虽说都在提倡大家工作和生活要平衡，但精英们却一直在塑造一种职场文化，那就是：工作时间长是证明自己精神坚毅、体能出色、能力超群、价值高昂的方式。如果你积极休假，只能证明你太懒或者对这份工作不上心。这种精神已经影响到全美国。

这也就不难理解为什么美国的职场人几乎没有午休时间了，因为整个国家和全社会都在告诉大家：要什么休息时间，努力工作才是正事！

所以，真正厉害的人即使天赋异禀、手握海量资源、懂得各种处世之道，他们成功的理由也许各有不同，但"努力"也一定是他们的共性。*越努力才会越成功，越成功越想更努力。*

对于职场人士而言，我们需要努力，更需要有效的努力，让它逐渐成为我们的一种习惯、一种态度，而不是一时的心血来潮或不得已而为之的行为。"努力"也需要正确的打开方式。

第一，不要在工作中迷恋兴趣之说。

类似于"主要是我对这件事没兴趣，否则一定会拼尽全力"这样的话几乎人人都说过，好像我们是否应该努力完全仰赖于有没有兴趣。其实，兴趣和努力的关系有点儿像两个待发展的恋人，如果一方太相信一见钟情或"有没有感觉"这回事，通常这段感情很难建立起来。努力和兴趣也如此。如果你太在乎去判断、确认自己对一件事的兴趣，那努力往往很难持续甚至根本无法启动。

日久见人心、近水知鱼性是有道理的。在职场中，当你不再任性地去追求一份和自己百分之百匹配的工作、并且执着地相信"只有对自己胃口才能把工作做好"这条逻辑，而是尝试去把努力放在兴趣之前，多一点儿深入和了解，不要用兴趣去衡量、算计自己该下的力气时，也许努力也就越容易走下去。而让努力持续走下去的一大好处是，过去你并没有觉得是真爱的事情，可能会因为多了那么一点儿了解、多了那么一点儿成就感，它就成了你的兴趣、你的真爱。

第二，不要太贪心。

有付出有回报是人类再正常不过的心理，而且一定是越有回报（无论是物质还是精神方面的）才能让我们越愿意在所不辞。但努力本身就是一个过程，而且是一个不太能立马见效的过程，所以你得有点儿耐心。

即便现在这个社会月入百万、一夜暴富、动辄就 IPO 的消息层出不穷，让很多苦心经营却始终未果的人措手不及、心生荒凉，但你还是不能抱有侥幸心理，急火攻心地就去扎堆凑热闹。别人的机遇你未必有，别人前期的沉淀你也未必看到。

就如 Papi 酱，我们看到的是她获得了 1200 万的融资，但你不知道的是她从 2006 年开始就已经开始在网络试水了。从网络主持人到栏目配音、导演助理，这一路的耳濡目染、实践沉淀才能让她在 UGC（用户原创内容）的世界里"一炮而红"。

而"不贪心"的另一层意思是，努力也是一件需要讲究取舍的事情。贪多嚼不烂是人人都该尊敬的常识。虽然这个社会提倡 T 型人才，但你要明白"T"中的那一竖才是我们安身立命、功成名就的关键。所以，不急不躁、努力延伸"T"的那一竖，我们在职场上才有可能稳操胜券。

第三，让自己忙起来，但不是瞎忙，而是学会有生产力地去忙。

"忙碌"是一个陷阱，在这个时代被贴上"忙碌"的标签是一件很重要的事，如果你不忙就是在告诉别人你工作不够努力或者不够重要。但事实上，接连不断的电话铃声、海量待回复的 E-mail、满满当当的日程表、To Do List 上一时数不过来的待办事项不一定是职场上有意义的忙碌。

我们需要的是有生产力的忙碌。所以，当你拖着疲惫的身躯回家时，不要因为完成了一项又一项的工作任务而觉得充实，重要的是要去丈量、计算一下它们和你内心想达成的那个目标（甚至你是否有目标）的距离是否又缩短了一些。

职场应该是苏格拉底说的"不要终日碌碌，却最终毫无建树"，但首先更应该像《火影忍者》里的凯说的那样："天才还这么努力，我怎么赢得了他呢？但是，唯独在努力这一点上，我不想输给他。"

提　问

你在工作中做过的最拼的事是什么？还有上升的空间吗？

讨厌的工作，我们如何靠它们"逆袭"

开 篇 语

英文中有个俚语叫"Dirty Work"，中文大意是让人讨厌的、做起来不愉快的或者不讨好的工作。我相信每位职场人或多或少都会遇到这类工作。那些琐碎的、没技术含量的事情……我们会工作很久，既然无法避免这类工作，那么，如何靠它们"逆袭"呢？

雾满拦江在《职场动物进化手册》一书中把职场上的工作分为四种：

第一种：面子活，也可以称之为形象工程。

即只需付出极少的劳动和最小的代价，就能够让包括老板、主管在内的大家都感到满意的工作，这包括：老板或主管最关心的事情，做在老板或主管眼皮子底下的工作，以及花费不多却能带来轰轰烈烈效应的工作。

第二种：日常工作。

这些活可做可不做，拖下去也没关系，干好了也没用处，但是工作量大，琐碎繁重，没完没了。这种无意义的工作做得再多也不会为自己带来丝毫益处，甚至有时是做得越多、错误越多。

第三种：垃圾工作。

这种工作处处存在，如何对付难缠的客户，把坏消息报告给老板，提出老板根本无法解决的问题等。通常情形下大家都回避这些垃圾工作，因为做多了自己会变成垃圾员工。

第四种：陷阱工作。

这种工作的坏处比垃圾工作还要可怕，无论你有多么大的本事，一旦让这种工作缠上，铁定会很惨。这些工作包括：前任留下的烂摊子，专横的老板下达给部门的无法完成的任务。

很明显，第三种和第四种工作就是我们所说的让自己不愉快、讨厌的、甚至出力还不讨好的工作。我们不妨称之为"这类工作"。

任何一家公司和职位都存在着这类工作，这些工作混杂在紧迫性的工作之中，有时我们很难将它们与真正意义上的工作区分出来。有时员工因为出于对自己地位或炒鱿鱼的担忧，会迫于无奈去做这类工作来证明自己的存在价值。

不妨先来做个小测试，看看目前你手上的工作是否属于这类工作。请回忆一下，你正在做的工作是否具备了以下特征：

- 没有具体交代时间；

- 没有具体进程安排；

- 没有明确完成时间；

- 没有明确工作量大小；

- 没有具体质量评估指标；

- 没有奖励或惩罚措施；

- 封闭式，单独完成；

● 负责高管不详；

● 负责高管过多；

● 可随时为其他工作让路。

只要具备上述十大特征中 3 个以上者，就已经接近"这类工作"的范围了。具备 5 个以上者，就可以确定其为"这类工作"。

1. 拿什么拯救你，我的"这类工作"

首先，我们要做的就是不要随便给工作贴上"这类工作"的标签。可能你正在做的是一份你不喜欢但很有挑战的工作，或者超越了你的能力范畴让你觉得很沮丧的工作，它们未必属于"这类工作"的范畴（可以再翻到前面好好看一下第三种垃圾工作和第四种陷阱工作的定义。）

随意给工作贴上"这类工作"的标签无疑是在逃避责任、阻碍自己成长，所以，要先鉴别清楚它们的"成分"。

如果你确信无疑，自己的确碰到的是"这类工作"，该如何处理呢？总不能动辄就把辞职信拍在上司办公桌上吧？建议你不妨考虑是否能把它们"砍掉"或"外包"出去。

比如，和安排你做这份工作的同事、上司再确认一遍这项工作是否真有必要去做？或者是否能以另外一种你能接受的方式去完成？如果得到"必须要做"

的回复后，你可以尝试进行团队合作去完成这项工作。找个性格，或者能力互补的同事或者对这项任务更熟悉、有更深刻理解的人去一起完成。

可是，当我们不得不独自去完成这类工作时又该怎么办？那就试着去"游戏化"你的这类工作。

"游戏化"绝不仅仅是给"这类工作"穿上游戏的外衣，把名字和标识变一变那么简单。现实与游戏比起来之所以枯燥，是因为缺少目标、规则、反馈和自愿参与。所以"游戏化"这类工作相当于在这四个方面对其进行改造和升级，比如限时、限量让自己去完成，或者给自己设置奖励机制来嘉奖自己对这类工作每一次的付出和容忍，让它变成打怪升级的模式。

不过最好的办法还是对"这类工作"抱有"不只如此"的态度，极力挖掘出它的更大价值。

曾经看过一篇前亚马逊员工写的文章，讲的是同事如何抓住"这类工作"用"不只如此"的态度去实现工作上的升迁。

有个职场新人，每周要发一份很机械、很程式化的汇报给商业团队，前辈告诉他这项工作很简单，只要早上来打开电脑，听着音乐，下载点数据，然后再把数据装进 Excel，用几个公式计算一下，找出上次发的邮件，改几个数据，群发邮件即可。前辈在这个职位上干了 6 年的分析师，心里很有底气地觉得这个报告根本没人看。

就是这个无人问津的报告，在几个月之后成了公司的核心 KPI 报告，所有的渠道负责人都被要求抄送在联系人里。

这个新人在发第一封邮件出去之前，多做了一件事情，他给报告里每一个渠道都找出了一个他觉得不清楚的问题，然后一个一个地去问渠道负责人。刚开始或许只是问为什么成本升高\转化率变小，后来问题越来越深，答案越来越复杂，渠道负责人的参与感越来越大，报告被传阅到越来越多的人手里，越来越多的人感兴趣，而这个员工到了公司高层的关注和重用，而那个干了 6 年分析师的前辈还停留在原来的位置上。

为什么同做一份不讨喜的工作，会有两个截然不同的结果？原因很简单，就是因为总有人会对这种看上去没什么技术含量、没人重视的工作抱有"不只如此"的想法，去把它们挖透，让它们产生更大的价值。

在你被重复、琐碎、无人问津、厌烦的"这类工作"折磨得想要放弃时，再多想想，抱着"不只如此"的想法让"这类工作"活色生香起来。

对"这类工作"最成熟的做法是估算好自己的忍受度，在这个阈值范围内既容忍、同时也尽情地去享受自己的工作。我们得承认，工作中永远有一些东西是让人不愉快的、很讨厌的，做了还吃力不讨好，但却必须要做好。

2. 怎么用好你的"这类工作"才划算

村上春树年轻时曾开过酒吧，他说若不是因为开了酒吧，凭自己的性格，一辈子绝不会有和那么多人打交道的机会。而这种机会也使得村上成就了他后来文学作品中对人性的洞察能力和素材累积。可见，任何一份经历如果用得好、用得对都可以成为我们职业生涯中的助力，"这类工作"也具备这项功能。

为了让你在做"这类工作"时的那些劳动力和委屈都没有白白付出，要学着"变废为宝"。

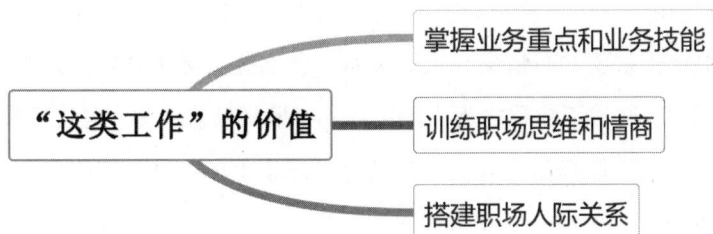

```
                              ┌──────────────────────┐
                         ╱────┤ 掌握业务重点和业务技能 │
                        ╱      └──────────────────────┘
┌──────────────────┐   ╱       ┌──────────────────────┐
│ "这类工作" 的价值 ├──────────┤ 训练职场思维和情商     │
└──────────────────┘   ╲       └──────────────────────┘
                        ╲      ┌──────────────────────┐
                         ╲────┤ 搭建职场人际关系       │
                              └──────────────────────┘
```

● 做"这类工作"时是否掌握了部门的业务重点和必备业务技能？

我曾经有个客户叫小林，她从事人力资源工作，和我抱怨，自己工作了三年，还是再做一些很琐碎的、没什么技术含量的工作，比如筛选简历、打电话通知面试，这些工作连实习生也可以做。我问她，你是"没心没肺"地做了三年还是带着脑子做了三年。你每天机械性做这些工作，但是否有认真研究过业务、对自己的工作做过系统总结？比如了解过人力资源有哪六大业务模块，自己的工作是处于哪个模块？它的核心 KPI 指标是什么？能否通过量化数据来体现你的工作价值？

举个例子，你在招聘组做简历筛选，平均每天筛选的简历量是 1000 份，通过改进原有的简历排查系统，细化了筛选科目，从而提高了 5% 的工作效率，让简历错判率降低了 2%。这一系列数据就可能成为你升迁或跳槽的谈资。

● 做"这类工作"时是否有训练你的职场思维和情商？

假如你为上司打车、预订机票和酒店这样的琐事，或许你会说这很简单，但其实想要把这件事情做到自己满意的程度并不容易。当需求有冲突时你如何处理，你需要知道各位老总之间地位高下，彼此间关系如何。谁年纪更长？谁在公司总部资历更深……有事情需要部门秘书帮忙协调时，你需要知道各部门秘书的脾气。需要部门同事帮忙时，也要注意良好的措辞。

别忘了你的领导、上下游部门同事同样是你的"用户"，所以培养职场情商也是很重要的。

● 做"这类工作"时是否有可能拓展自己的社交圈？

职场中比较重要的是情商和人际关系。什么是人际关系？你认识马云，马云不是认识你，这就不能称之为人际关系。如果马云认识你，也认可你的价值，这就是人际关系。职场新人其实可以通过做好手上的"这类工作"去扩展自己的人际关系。

我在担任团队领导时，有两位新人都做着同样的"这类工作"，即打陌生拜访电话，但结果却天壤之别。

A 同事的成功率不仅很高，而且完成速度特别快，更难能可贵的是她在打电话之余顺带还整理了数据库，根据最新的接通情况进行客户分类和备注。而 B 同事则完全不同，连最基本的说辞都无法说好，当电话那头的客户稍有刁难或疑问时，她会表现得结结巴巴、毫无逻辑。后来 B 同事自然是没有通过试用期，A 同事顺利留任。一年后，A 同事因为家里原因需要换工作，鉴于她在工作中的表现我把她介绍到了另外一家兄弟公司，那家兄弟公司的部门负责人是我的前任上司，前任上司只面试了 A 同事 10 分钟就决定录用了。

所以，不要小瞧那些琐碎的工作，琐碎细节中见能力。见微知著，能把它们做得出色的员工前辈们都看得见。

"这类工作"就像拿在手里的烂牌，我们要做的不是等着输，而是想办法多挖掘隐藏价值为自己的职业生涯铺路。

提 问

根据文中给出的标准，评估一下自己现在做的是不是"这类工作"？如果是，你觉得能从目前的工作中收获什么？

拖延症该怎么治

开篇语

　　小呆算得上是当下这个社会的一朵奇葩了。在拖延症盛行的世界里，他居然难得地没有这个毛病。学生时代，从寒暑假作业到毕业论文，他都是赶早不赶晚。可没想到，工作后的他居然染上了拖拉的恶习。一堆工作在手，就是懒得开工。小呆觉得自己堕落了，可这一切真的是他的错吗？

杰瑞是我见过的最爱发誓的同事。

"我要是明天再不把这份年终总结完成，我就得要去老板家认错。"

"我要是明晚再不打卡跑步，就让我今年体检得三高。"

"我要是今年再不找个对象，就让我这辈子没后代。"

虽然杰瑞毒誓发得够多，但年终总结还是比截止时间晚了一天；晒在朋友圈里的跑步打卡也只有三天就没了下文；至于找对象，过了仨月也没见着动静。同事们忍不住问有情况了吗？杰瑞打个哈欠说，哪有时间啊，休息的时候都在忙着（打游戏）。

"听过许多道理，还是过不好这一生"的姐妹篇，就是"发过很多毒誓，还是搞不定一件事"。

我们当然可以在技术、基因、人类原罪等这些层面去为自己的拖延找理由，比如目标制定不清晰、缺乏意志力、人懒……总体来说，这些原因都是以"人"为中心；但也许我们还可以换个角度，以"事"为中心去寻找解决拖延的办法。

1. 也许这些才是你拖延的原因

（1）你无法完成一件事，因为它真的很难

承认自己能力有限无法胜任从来都不是什么丢人的事。相反，打肿脸充胖子最后搞砸一切才真丢人。

我的第二份工作是在一家创业公司负责一个片区的（销售）工作。靠着自己的一点儿小聪明，我很快积累了一批客户。可是，面对那些理性、务实的客户，这套方法完全无效。

当时的我从不认为这类客户真的难搞，而是一直认为是自己不够努力；加上自己想在团队里快点做出业绩，所以硬是挺着。一个月后总结时，我发现自己"难搞客户"那部分的成绩依旧没有一点儿进展，这才向团队求救。后来，还是团队成员一起开会讨论、进行头脑风暴，群策群力才帮我找到了积累这类客户的方法。

有时候，比起寻找方法更重要的是我们得先有勇气承认自己的无能为力。 跨过这道坎儿后才能心平气和地去寻找解决方法，或者面对失败。

（2）你无法完成一件事，因为自己内心心理不愿意做

不必为自己的功利心而感到脸红，我们做一件事计算性价比、图回报是再正常不过的。那些本该有把握完成却一直未完成的事，也许可以问问自己是不是觉得完成它们自己不开心才一直拖着？

就拿杰瑞来说吧，其实写年终总结很难吗？未必如此，杰瑞不是职场新人，年终总结每年都做，可他年年都迟交，说白了就是因为他觉得年终总结是个很程式化的东西，并不是那么重要。要知道，杰瑞在做销售计划、工作绩效总结时可是从来都不会迟交的。

所以，在下决心、定计划之前先询问一下阻碍自己的是不是自己的心理作用。

（3）你无法完成一件事，因为没有分清它的重要性和紧迫性

《高效能人士的七个习惯》这本书中把事情的紧迫性和重要性分析得相当透彻，将我们工作和生活上的事情分为四类：第一类重要又紧迫、第二类重要不紧迫、第三类紧迫但不重要、第四类既不重要又不紧迫（见下图）。

	紧迫	不紧迫
重要	第一类事务 危机 迫切问题 在限定时间内必须完成的任务	第二类事务 预防性措施 建立关系 明确新的发展机会 制定计划和休闲
不重要	第三类事务 接待访客、某些电话 某些信件、某些报告 某些会议 迫切需要解决的事务 公共活动	第四类事务 琐碎忙碌的工作 某些信件 某些电话 消磨时间的活动 令人愉快的活动

大部分人把90%的精力都消耗在不重要又紧迫和紧迫但不重要的事情上，成为到处救火的"消防员"，筋疲力尽、压力巨大。而优秀的自我管理者会尽量避免陷入第三和第四类不重要的事情，*他们总是把更多的时间和精力放在那些重要但不紧迫的事情上*。通常这些"重要的事情"都是宏观上的，比如目标、愿景、使命、意义，做这些事情不仅费脑，结果还不太容易实现，喜欢"避重

就轻"的我们在遇到重要事情时反而会停滞不前。

2. 拖延后遗症——发毒誓、表决心的危害有多大

知乎上有个热门回答"生活里那些常见，却常常被忽略的小恶习"，包括：做事前决心很大但没毅力坚持、口渴才喝水、吃饱才停下……共计十余条，其中第一条就是"白天不努力，晚上发毒誓"。真是一针见血。

发毒誓、表决心都是拖延带来的后遗症，而这种"后遗症"显示出来的主要症状就是悔恨心理。

从心理学角度来看，"悔恨"是最徒劳的一种心理，因为你错失了"本该这样"的过去时、又尚未开展的未来时，于是卡在当下的"现在时"里自怨自艾。悔恨心理会让你偏向于陷入对往事的纠结中，既无法着眼于深刻的自省，又无法对向往的未来进行细致合理的规划，所以，你只能在"本该怎样却终未怎样"的怪圈里耗费时间和精力。

这样的例子我们每个人从小到大都经历过不少。

考试时，我要是再细心一点儿就好了；我要是再早起五分钟就不会迟到了；刚才工作汇报时我声音要是再洪亮一些就完美了。正是因为工作和生活中悔恨的情绪太容易"光临"我们，所以才会让我们时常陷入一种"返不回去又前进不了"的胶着状态。

更糟糕的是，"悔恨"它不是一个单纯关乎进步的词。

与心理学上另外两种类似的情绪"羞愧"和"忏悔"不同，这两种情绪都具有在精神上更新和苏醒的成分在。当一个人有了羞愧或忏悔之意，要么他是真切认识到了自己的错误，要么他在理性层面上产生了赎罪的想法，达到了一定的精神升华。而悔恨不同于二者，看上去它也是经过了梳理、反省、觉悟这样一个过程，最终意识到问题出自于自己，但在这种自我归咎的倾向下更多的

是对他人和客观事物的怨恨，即迁怒于他人、他物。

比如，当我们没有按时完成工作任务时，可能会认为是自己的拖延、不专注、无效的时间管理而造成的。但也有另外一种悔恨心理：我之所以没有完成这件事是因为它太难了，我为什么要揽这个活儿？都怪 xxx 找我帮忙害我没有完成工作。此时，这种悔恨心里不再是自我内省，而是把目光投向外物，从外界寻找理由和借口。抱着这样的心态很难想象我们如何可以自我提升、自我进步。

3. 拖延症一定有药可解

首先，在盲目制定计划、给自己加油鼓劲儿前应该先弄清楚的是：我为什么拖延？要以"事"为中心去进行评估：究竟是这件事太难、太低端还是自己根本就没弄清楚完成它对自己的意义和重要性是什么。只有先清晰评估事件，知道拖延的根本原因，才能对症下药、采取措施。

其次，需要寻找动力。动力就像原油，少了它什么机器都跑不快、跑不远，最终只能停下来。

事情太难？可以想想解决它之后获得的成就感，以及在克服困难的过程中自己获得的成长；或者更接地气一些，如升职、加薪、取得进修机会、能够坦然地休个长假、得到上司的青睐和同事的赞美、甚至是战胜竞争对手的那种快感。

投资回报率太低？当然可以撂挑子走人另谋高就，但也可以换个角度看待。比如，无论工作还是生活，都不可能时时刻刻精彩、鲜活。总有一些平淡无奇、枯燥乏味的事情也充斥其中。本着"成熟职业人该有的操守"或者"对自己的生活负责的态度"，这些是也是分内事，也是生活的一部分。

是重要的事还是紧迫的事？不是说放着紧迫的事不闻不问，而是我们总得腾出时间和精力去好好"思考一下人生和未来"。那些当下你觉得不能即刻开花结果的事，总在暗暗酝酿着芬芳，有朝一日会让你惊喜。"十年后你想成为什么样的人"、"如何在 35 岁前实现财务自由"，类似于这样的问题都离不开思考"重要的事情"。

在进行完客观评估、找到动力后，最重要的一步就是马上开始行动。

正如马克·吐温所言，"进步的秘诀就是要善于行动"。想要纠正悔恨心理，首要也是最根本的就是付诸实际行动。

不要在"过去"和"未来"间辗转反侧、瞻前顾后，而是着手于当下，像 Nike 那句经典广告词说的一样"Just do it"！扫除一切干扰，按时提交年终总结，做到了，你才会知道究竟是自己拖延、不专注还是真的是外界打扰了你；不给自己找借口，按计划去晨跑，做到了，你才会知道究竟是自己意志力的问题还是你确实不擅长这项运动。

不纠结、不开脱、不毫无原则地自我归咎，这才是一个心智成熟的人该有的态度。

无论你是因为事情太难而卡壳导致拖延、还是内心就很排斥做这件事所以迟迟不肯行动，请记住一定不要死扛。有时候让一个性格和能力都与你互补的伙伴来协助你，或者依靠团队的力量去解决你不愿面对的难题，都比你一人在原地踏步浪费时间要好。*学会示弱获得帮助从来都不是弱者行为。一个人也许可以走得更快，但若想走得更远、更宽、更长久，离不开与他人的合作和支持。*

英国作家狄更斯说过，拖延是偷走光阴的贼，永远不要把你今天可以做的事留到明天。

总　结

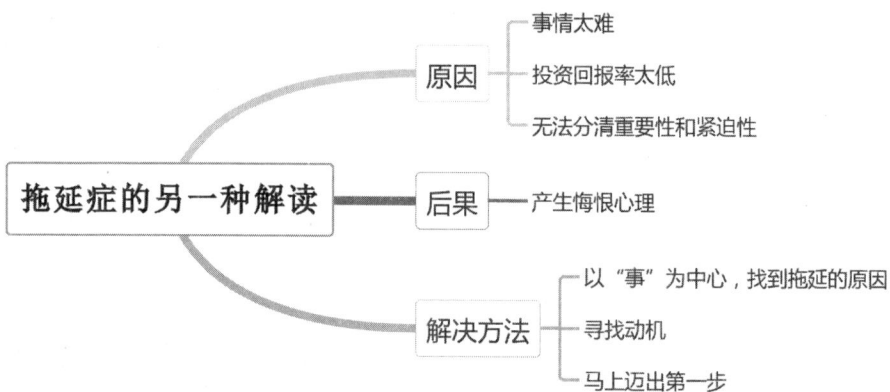

对职场精英来说，思考力和行动力，哪个更重要

开 篇 语

　　小呆在工作中遇到一件很尴尬的事：当领导做出指示时，他是那种马上就会行动起来的人，但上交工作结果时，会被领导念叨"想法太浅"、"创新不够"，最后下个结论："小呆啊，你还是要多思考，不要急于行动。"可是，当他开始认真思考某件事时，前辈们又告诫他"想那么多干什么？先做起来才能知道事情怎么解决啊，老板看的是结果而不是你的脑回路"。小呆彻底懵了，思考和行动，到底要如何平衡？

1. 思考，既是收益也是损失

　　在新经济社会，如果你懒于思考，损失的将不仅仅是丰盈的收入、优质的生活、丰富的精神世界，更有可能会失去整个生存空间。思考于我们的人生就像空气于我们的身体，不可或缺。

　　没人会质疑思考的意义，它能带来的好处实在太多。

　　在生理方面：勤于思考给大脑以良性刺激，能使大脑皮层中主管思考领域的神经细胞间形成新的联系，使思维活动更加敏锐灵活；同时，勤于用脑的人能使大脑增加释放内啡肽等特殊的生化物质（就是帮助身体处理疼痛、压力和情绪问题，让人感受愉快），脑内核糖核酸的含量也高于一般人平均水平（即

促进你的记忆和智力）。正如司马迁所说："脑不用则废，用之则振，振则生，生则足。"

在生活方面：一个勤于思考的人总是和有趣挂钩。他们更能从生活的点滴小事中解读出一些常人不易发现的乐趣，让生活过得不苍白、不泛黄。想想一个只会刷朋友圈的伴侣和一个能提出各种"稀奇古怪"问题的伴侣，哪一位会让你觉得和他生活在一起更有意思呢？

在职场方面：一个勤于思考的人总是和能力强挂钩。他们善于发现问题、洞悉本质然后解决问题。深得上司青睐、同事敬佩。和这样的人共事，工作上不仅更容易出成果，而且自己的能力也能获得大幅度提升。

在人际方面：一个勤于思考的人总是和聪明挂钩。他们能迅速理解你说的话，然后清晰表达出自己的看法；或者针对你的疑问能够一针见血地指出要害所在。和他们相处、沟通你不会觉得累。

总之，任何时候，思考都是一件值得提倡的事。

无论新的思考术如何层出不穷，都是基于以下 7 种最基础、最经典的思考方式：

发散思维：根据已有的一点信息让大脑呈扩散状态的思维方式，以此产生新的信息。

聚合思维：把广阔的思路聚集成一个焦点的思考方式。与发散思维相对应，它是从不同来源、不同方向、不同材料来探求一个正确答案的思考方式。

逆向思维：对司空见惯、习以为常的定论事物或观点反过来进行思考。

演绎思维：从普遍到特殊的思考方式。从一般性的前提出发，通过推导得出具体陈述或个别结论的过程。

归纳思维：从特殊到普遍针对同类事物从个别到全部的一种思考方式。根据一类事物具有的某种特殊性推出此类事物都具有这种性质的思考方式。

金字塔思考方式：始于麦肯锡，金字塔构成法秉持的原则是 MECE（Mutually Exclusive, Collectively Exhaustive，相互独立、完全穷尽）。芭芭拉·明托在《金字塔原理》一书中阐明了这个原理，但我更喜欢冯唐用一句话对金字塔原理的概括："任何事情都可以归纳出一个中心论点，而此中心论点可由三至七个论据支持，这些一级论据本身也可以是个论点，被二级的三至七个论据支持，如此延伸，状如金字塔"。从一级开始，所有的论点、论据最终都服务于塔尖那唯一的最终结论。

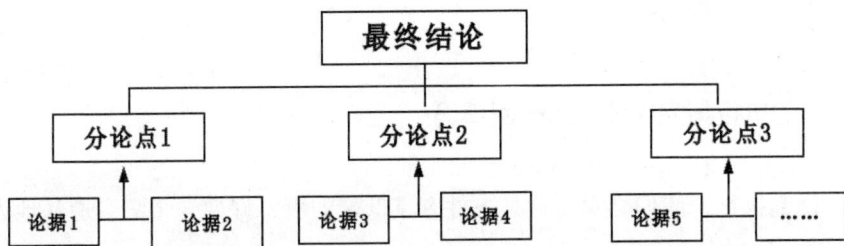

科学思考方式：对任何事物都不持"理应如此"的态度、随时问为什么的一种思考方式。

比如，有人说"海是蓝色的"，持科学思考方式的人习惯去想"为什么"，企图去探求海水为什么是蓝色的原因。而习惯人文学思考方式的人的反应则是"啊！原来海水是蓝色的"。

思考的好处是如此之多，思考的方式又更迭发展、层出不穷，如果一直停留在思考阶段止步不前的话，那就必须要停止你的思考。

回忆一下，你对瘦身健康问题思考颇多，现在的你体形、身材合适吗？你想提高自己的效率，于是研习了一堆时间管理方法，从 To do list、周计划、到番茄管理法……然后你每天的计划都如期完成了么？你想好好吸收书本里的知识而不只是泛泛一读，于是钻研学习了一堆做读书笔记的方法：康奈尔笔记法则、思维导图、涂鸦笔记，然后你真的有吸收每本书里的精华么？大部分人给出的答案是否定的。

为什么？原因很简单，因为我们只是思考了、学习了，然后就结束了，往往缺少了至为关键的一步——实践！

生活和工作中，我们每天需要解决各种各样的问题。解决问题的过程包含两部分内容：想和做。即，*解决问题＝彻底动脑的思考力＋付诸实践的行动力*。

所以，思考过剩是一种损失，我们需要及时止损。

2. 好的执行与完成任务是一回事吗

说起执行，我们会觉得这是一件有点低端的事，好像一个只会遵从他人指令动手做事的机器一样。

比如：会计事务所的上司让你去把发票粘贴了，公关公司的上司让你去把这次活动的路演传单派发了，酒店经理让你去把大厅屏风擦了。然后，下面的人就开始去执行。

这是我们对"执行"最常想到的情形——听从他人命令、付出自己的劳动力。

通常，我会把执行分成三个等级：

低等执行：凭借经验和习惯、不需要太多思考去完成工作的行为，前面例子中提到的就属于这类。

接受指示 → 完成指示

0脑力耗费

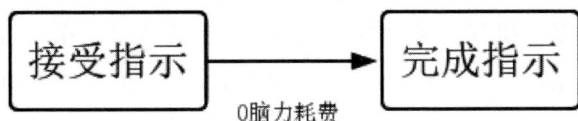

中等执行：带着为什么和怎么样去完成工作的行为。

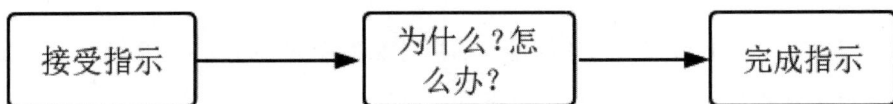

接受指示 → 为什么?怎么办? → 完成指示

高等执行：不仅有为什么和怎么样，更有对执行过程的总结、反馈，从而提升整个从下达指示到完成指示的行为。

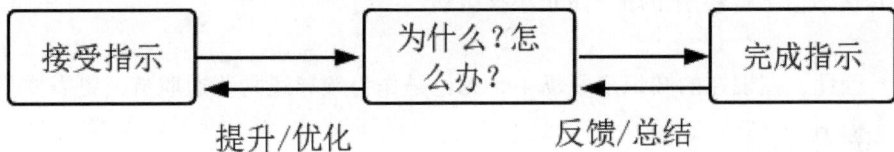

接受指示 → 为什么?怎么办? → 完成指示

提升/优化　　　　反馈/总结

执行的分类	方式	投入额度	完成效果	对指示的作用
低等执行	依靠习惯和经验做	几乎为零脑力耗费	弱	无
中等执行	带着为什么和怎么样做	行动中包含部分思考	达标	可能会有一部分作用
高等执行	想、做、反馈、总结、提升从指示到执行的整个机制，更好地指导下一次执行	做＋想均100%投入	卓越	高

这里用机场工作人员清洁洗手间这份工作就三种执行效果进行对比。全世界大约有 1400 多个机场，每个机场里都需要工作人员去清洁洗手间。低等执行者只会用常规的清洁方式，比如按照规定多久清洁一次、使用什么清洁液来确保洗手间不脏；而高等执行者除了按规章流程办事外，还会多想几步，比如：洗手间干净对机场来说意味着什么？半小时清洁一次是否合理？使用的这些清洁液是否能清除所有污渍？如果说干净的洗手间对机场来说是提升旅客满意度的一部分，那身为机场员工的一员我还能做些什么来提升客户满意度？

因为在执行中加入了这些问题，所以才会有新津春子 23 年来刷出了"全世界最干净的机场"——东京羽田机场这样的"奇迹"出现。

她会在工作前举 5 公斤重的哑铃健身来确保体力跟上、她会用小镜子去照马桶内侧，检查是否真的将马桶清洁干净而不只是表面干净、她会用自己发明的小刷子清洁水池排水口、她熟记 80 多种清洁剂的用法，能迅速根据不同污渍选用不同溶液、当她发现小孩喜欢坐在机场某些区域的地上玩耍时，就会把那片区域清洁得特别干净，防止小孩生病。

因此，在现在的知识型职场中，无论是作为领导还是普通职员，更需要具备这种高等执行。

即便是在如高大上麦肯锡这样的公司也无法避免重复性的执行工作，但低等执行者只会一遍遍重复，而高等执行者则懂得把操作中的要点进行总结和反馈，制作成一本本"手册"，使得这种"单调"的执行具有广泛的推广性，从而大大提升工作效率和效果。

可见，执行也有方式方法上的"贵贱之分"，好的执行绝不仅仅是完成任务那么简单。

3. 该怎么提高自己的执行力呢

"我知道执行力很重要，但就是意志力太薄弱，总也完成不了。"

谈到执行力，我们总会把它和意志力挂钩。没有按计划减到理想的体重、没有按计划读完这本书、没有按计划完成工作目标……这些都是因为我们意志力薄弱，无法把好的执行坚持到底。果真如此吗？

一件任务无法执行到底，归其根本有以下六方面的原因：

（1）目标不够明确

比如，"我这个月的目标是要减肥"绝对不能算一个目标，而"我这个月要减肥 2 公斤"才算是一个具体的、明确的目标。

个人目标尚且容易模棱两可，一家公司、组织更是如此。

在当今战略执行领域备受追捧的顾问克里斯·麦切斯尼曾对全球几百家公司和政府部门的员工就"目标清晰"一事进行过调查，结果显示大约只有 14%的员工能说出一个以上本部门最重要的发展目标。对于自己领导最重视的三个目标，15% 的人一个都不知道，剩下的 85% 的人也是凭个人感觉想当然地说出一个目标，和领导心中的目标相差甚远。

（2）实现目标的手段不清晰

知道"做什么"却不知道"怎么做"也是阻碍执行力贯彻到底的重要障碍。千万别认为发号施令是领导的工作，员工只负责完成。事实上，好的领导不是只会下达命令，更知道如何指导员工去完成一项工作。

（3）问责机制模糊

如果一项任务无法明确完成的时间、负责人、检验指标，那与之相关的目标必然是无法执行到位的。

（4）合作者之间缺乏信任

这当中涉及人际关系问题。所有的目标最终是要落实到具体的一个个执行者身上的，如果各执行者之间缺乏信任、没有良好的合作意愿，很难想象任务能够顺利完成。

（5）奖励、报酬机制不合理

建立合理的薪资、绩效体系才是刺激员工坚决执行的有效方法。

（6）决策和规划失误

无法执行下去还有一个更宏观的原因，即决策者一开始的战略部署和作战计划可能就有问题。

知道了阻碍执行力的原因，接下来我们要做的就是针对这些原因想出解决之道。而要解决"执行力"问题的核心就在于改变行为。

无论是制定出更清晰的目标、合理的奖惩机制、还是想办法与合作者建立相互信赖和亲密的人际关系，本质上都是在做行为上的改变。任何结果的变化都是由一连串的行为操作引起的，我们必须找出与结果最相关的那些行为，通过一些方法让它们更好地为实现目标服务。

基于上述阻碍执行力贯彻的前五个原因（在这里，我们假设宏观层面上的决策和规划是没有问题的），以及"改变行为"的原则，我们可以基于"测评、观察、信任、明确"这四个象限去提升自己的执行力、实现目标。

测评	观察
（目标）	（实现手段）
信任	明确
（合作者）	（问责、报酬机制）

在第一象限测评中，目标应该是可量化的，方便测量和评价。比如，3 月份的目标是提高英语听力，这一目标应该被详细化为能听懂美国之音里 80% 的内容。

第二象限是观察，要看实现目标的手段、方法是否合理，可操作、执行者的行为是否正确。比如员工操作手册、SOP（标准制作程序）的制订。

第三象限是信任，它主要是针对与合作者建立良好的人际关系而设置的。知道了这点我们就可以去寻求解决人际关系的一系列方法。

第四象限是明确，即问责和报酬机制的建立要清晰。当中应包含责任人、截止时间、检验目标实现的标准、奖励的标准、时机、内容等项。

学会思考是一件好事，但永远不要忘记我们的思考通常都是为了解决某个问题才会启动的，而解决问题的经典公式是：*解决问题 = 彻底动脑的思考力 + 付诸实践的行动力*，永远不要丢掉等式最右边的那部分。

第 3 章

职场中的表达方法

职场好印象：从好好说话开始

> 工作一段时间后，小呆发现在职场上最累的不是工作本身，而是沟通。面对同批入职的同侪、自己的导师、领导要用不同的方式去进行对话。可是，小呆经常在说完一句话时感到懊悔："自己是有多笨才会说出刚才那样的话啊！"尤其是面对领导，说不对不行，不说还不行。职场菜鸟讲"好"话可真难啊！

当你终于拿到自己理想的录取通知后，摩拳擦掌准备在这个舞台上开始精彩的个人秀时，你要留神了。作为职场小白，你可能有万丈雄心、满满的自信，但同时你也有一个巨大的"缺陷"：不会说话，确切地说是不会说职场"行话"。

每个人都有不同的社会身份，当我们作为儿女时，可以和父母在沟通时撒娇、任性；当我们作为朋友这一身份时，把撒娇和任性换成平等而又不失真诚的沟通更为恰当。当我们作为职场人士时呢？什么样的沟通方式才最恰当、有效？

通常，当我们说"沟通"时，它有两种模式：一种是偏情感状态的沟通，这种沟通落脚点不在产生结果、达成共识上，而是更关注各自的状态；另一种是逻辑上的沟通，更关注客观事实和沟通结果。大部分时候，职场上的沟通属于后者。无论是作为上司安排工作、作为下属汇报进展、作为团队一员沟通协作、作为乙方与客户达成交易，都需要我们的沟通更关注事实和结果。

总体来说，无论你的沟通对象是谁，职场沟通法则都需要遵循以下四个原则：

● 充分尊重

如果你认可"三人行，必有我师"，也承认世界上没有两片完全相同的树叶——就像人们对一件事的观点和方法也可以是不同的，那么你就会在沟通中履行尊重原则。*抱着一种学习的态度去与人交流，这是产生尊重的基础。*想获得别人的尊重，自己首先要尊重别人。

A 对你说"我不认可你的做法"，B 对你说"我肯定你的做法还可以更好"。

A 对你说"你有点儿胖，需要减肥了"，B 对你说"你过去可真苗条啊"。

AB 两种说法，毋庸置疑后者会让我们听起来舒服一些。心理学家调查发现，*在交流中不使用否定性的词语交流效果更好、更易于让人接受你的观点。*

● 先理解，再沟通

理解是沟通的基础。你与上司、同事、客户的对话能否顺利进展下去，依赖于对方对你所表达内容的理解程度。那些没能得到良好回应的交流，大都是因为对方压根没能理解出我们话中要表达的意思，听到和听懂虽只差一字，意义却相差万里。沟通中，每一个新观点的提出、新进展的开启都建立在前一个观点被理解的基础上。

可以试试"复述、确认"的方法，即当听完别人某些比较复杂的观点时，无论觉得自己是否听懂，尽量用自己的话复述一遍，询问自己理解的是否正确。当你说完自己的观点后，也可问一下别人的看法，确保对方确实明白你的意思。

● 观点对错不表态

我们在说话时最容易犯的错误就是判断对方的观点，其实每个人的观点，只是对事物的不同的看法，未必真有对错之分。我们喜欢判断，是因为自己的头脑中有一套自己的处理事情、甄别是非的价值观或方法论，但它仅仅属于你自己，不能代表别人。沟通中，如果边听边判断，或者进行大量脑补，就会在心里对说话者定格，也就难免会在谈话中带有情绪和偏见，从而导致言词上的不良表现。

● 关注"事实"和"结果"，而非"观点"

职场谈话和闲聊最大的区别就在于前者需要客观、有产出，而后者更多的是情绪的宣泄或情感的表达。所以，求同存异、达成共识（尽管有时候沟通的气氛不会令人很愉快）才是职场沟通的目的。

基于以上四个原则，我们可以按照不同对象来对职场沟通分门别类进行概述。

1. 和同事进行沟通时的正确方式

● 采用直接、正面的句式

多运用陈述句、语气舒缓的祈使句，而非否定句、反问句或类比、隐喻等修辞方式进行谈话。它们只会让你的沟通产生大量歧义，并且可能伤害对方的情绪而诱发矛盾。

最典型的就是反问句，这是一种非常容易把人惹恼的句式。"你明白我的意思了么？""这个项目进展如何了？"如果你的沟通对象和你是平级，这两句话一出，对方一定已经在内心翻了无数白眼、原谅了你八百次才能继续坚持和你沟通。人们用反问句往往是为了强调自己的原意，可面对理解力不够强的沟通对象时，反问句经常会让对方完全相反地理解自己想要表达的意图；而且无论是谁被反问的时候，都难免产生被冒犯的情绪。

陈述句是最容易让人过滤掉情绪、平息内心的沟通句式。所以尽量多使用

它，让你的沟通看上去客观、理性。

● 条理清晰地去说明问题

比如可以按第一、第二、第三这样的方式把要点进行罗列。一方面，任何沟通都需要投入成本。在正式谈话前你可能会准备腹稿或讲稿、需要调用自己的知识体系和信息储备，甚至花费不菲地去准备一套得体的服装。另一方面，时间的投入、精力的花费，以及在沟通时对一些横生枝节事件的应对和解决都需要花工夫。这些都是我们在沟通时投入的成本。

而条理清晰地去阐述你的问题和看法，是为了更高效地进行这次沟通，不要因为混乱不清、天马行空而浪费了你在前期的投入，让它成为一场无效的对话。

● 不过度揣测对方的立场和意图

在人际交往中我们出于尊重对方或自我保护，有时难免会去考虑对方的"话外之音"，比如，他说这句话的实际意思是什么？站在什么立场等。其实，过度揣测对方的立场和意图，过于频繁地揣摩对方的立场和意图，容易让自己陷入一种不信任和孤立的心理氛围，并引起大量的误解；而就事实本身进行沟通，往往会让自己更轻松地获得更多人的信任。

退一步说，即便对方和自己之间缺乏信任，作为职场人该具备的专业性在沟通过程中还是应该就对方沟通的事实本身给予回应——否则自己就成了那个心机深沉的人了。如果你还是"心有余悸"，不妨开门见山直接讲出自己的担心、猜疑，而不是相互猜谜。

多从对方的字面意思去进行解码，而非对方的意图和动机。

● 营造良好的沟通氛围

情绪对一个人的影响非常重要，当一个人处于戒备、愤怒等不良情绪的笼罩下，对信息的解析能力也会相应降低。工作中，我们大多数的沟通都是为了事情尽快完成或者达成，因此，降低沟通的门槛，尽快地让对方进入状态，展开话题则是非常重要的一步，而"进入状态"往往离不开一个好的沟通氛围。

比如，和同事讨论问题也许可以先不要一本正经马上开始，而是从一个轻松、温暖或幽默的开场白入手，让对方能感受到你的友好。再比如，当我们去别人公司拜访，可通过适当的称赞对方，把氛围调节到一个比较融洽的格调，之后再开始谈论具体问题，这样就可以减少沟通的情绪阻力，提高对方接收你信息的效率。

请注意，赞美并非拍马屁，而是你真的用心找出对方值得赞美的地方公开表达出来。把握好度，不要过分，比如过于夸张和频率过多；不敷衍，比如见谁都说"你真棒""你好美"。说得更具体些，对方才会真心受用。

● 情绪不稳定时，少说话

人在情绪不稳或激动、愤怒时，智力是相当低的。心理学研究证明，人在高度的情绪不稳定时，智力只有 6 岁。在情绪不稳定时，人们往往会陷入"非黑即白"的牛角尖沟通模式，或者常常表达的不是自己的本意。道理理不清，话也讲不明，更不能做决策。工作中，因为情绪冲动而讲的一句话导致变成敌人、搞砸的事举不胜举。所以，当你有情绪时，最好的沟通方式就是和对方讲明原因然后另择时间进行沟通。

● 运用好你的肢体语言

肢体语言包括身体各个部分为表达自己观点而配合的各种动作。文字、语调、肢体动作构成了一个表达系统，只有各个部分完美的配合，才能产生最佳的效果。有研究表明，交流时文字、语调、肢体动作等所产生的作用是不同的，文字占 7%，语调占 38%，肢体动作 (语言) 占 55%。一个友善的拍肩、一个热情的拥抱、一个灿烂的微笑，都有可能让你的沟通事半功倍。

2. 和上级进行沟通时的正确方式

在和上级在进行沟通时，上述注意事项也同样适用。比如，领导布置完任务时，为了确保自己理解没有偏差，最好进行一遍复述；为了和领导进行有效沟通，也需要有得当的谈话氛围，很明显，你离职想要获得好的评价、推荐和你希望涨薪时的谈话氛围是绝对不同的。除此之外，在与上级沟通时还要注意以下事项：

● 谈话姿态谦恭一些

类似"我有一点儿不成熟的想法，想听听您的意见"之类的说法完全可以在沟通中使用。倒不是讨欢心，而是身为你的上级他一定有过人之处，寻求意见或帮助时，低姿态没有什么不对。

● 不要越俎代庖，帮上级做决定

你可以帮领导搜集、整理信息，甚至提出自己的看法和建议、阐明自己的倾向性，但一定不要越界替领导拿主意。

● 务必做到观点和结论优先

想象这样一个场景，你充满激情地讲了十分钟，最后领导给你的回复是"你究竟想表达什么？"一切都成了徒劳。要学会帮上级节省时间和精力，所以，不管你是汇报任务还是表达看法都请先阐明结论、目的、主题，然后再开始解释和分析。

有人说，"会说话"需要技巧；有人说，"会说话"是一门艺术，职场上的沟通，既是技巧，也是艺术。现代管理之父德鲁克说："一个人必须知道该说什么，一个人必须知道什么时候说，一个人必须知道对谁说，一个人必须知道怎么说。"理解透彻这句话足够受用一生。

总　结

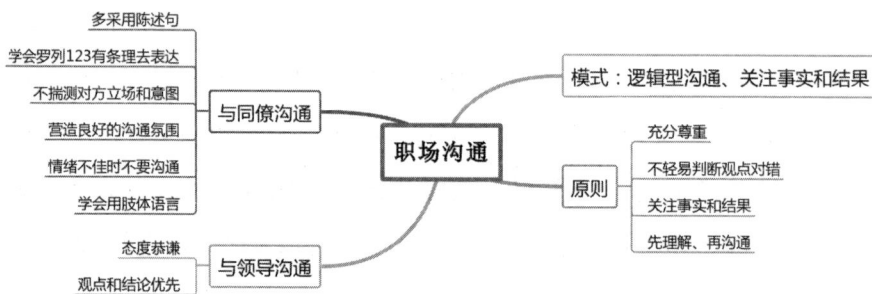

学会说"不"是技巧，更是能力

开 篇 语

　　入职前，小呆的父母教育他，一定要与同事为善，主动帮助别人，这样才能在单位上混得开、给大家留个好印象。小呆几乎是来者不拒地为同事们提供帮助，然而小呆并没有因为助人为乐而感到开心，相反，每一天他都过得超级累！如何在自己的本职工作和同事的求助之间取得平衡呢？

　　甲刚过试用期不久，对新工作珍爱得不得了，每天都干劲十足。可是，无论她怎么努力，永远都无法按时下班。她倒是不介意加班，问题是她加班的原因不是因为手头工作忙不完、不是因为自己能力不够、不是上班磨洋工，而是来不及完成自己的工作。上班期间，甲有三分之一的时间都被同事"拿走"了。

　　一会儿被同事请过去帮忙检查一下死机的电脑（自从她帮同事搞定一次电脑后，甲就自动成为团队里的 IT）；一会儿被主管交代的临时工作打断；要不然就是其他部门的同事征询意见，让她提提自己的看法；还有，下班后在上司或同事强力邀约下去参加一场和自己没什么关联的聚会。

　　一开始，甲为了更好地融入团队、为了和同事们尽快熟络，这些事务都欣然应允，不就是晚点儿下班、占用一些自己的时间吗，反正自己单身汪一枚，回家早也没什么事。可渐渐地，她发现自己的生活时间被"压榨"得越来越少，每天下班都筋疲力尽毫无成就感；更重要的是，同事们对原本不属于她职责的帮忙习以为常。有一次，甲手头上有一份要紧工作需要处理，恰好一个同事想让她帮忙看看为会议制作的 PPT 设计模板，甲在万分抱歉中拒绝了同事。谁知，第二天在茶水间她就听到那位同事和其他人抱怨自己，说她过了试用期翅膀就硬了。

甲满腹委屈，但更恨自己，为什么就不敢"理直气壮"地拒绝那些原本可以拒绝的事情呢？

1. 因"不懂拒绝"而造成的错误该由谁来买单

不会或者不敢说"不"是很多职场新人的通病，我们都想给大家留下一个好印象。可是，对那些你心甘情愿、能力范围之内的事伸出援手当然没问题，但如果勉强应允只会给自己和对方带来伤害。

首先，如果你违背内心答应对方做自己情非所愿的事情，表面看起来并没什么，但自己违背内心后就会产生一种极不好的负面情绪，这个情绪多被压制到潜意识中，等到自己压制的东西太多的话，这些不好的负面情绪就会跑出来，严重影响你的人际关系、生活学习等。

其次，不会说"不"还会使得你们的关系处于不健康、不平等的状态。一方面，对方会对你形成依赖心理；另一方面，久而久之你自己也难免会产生一种"我是你的跟班、手下吗"这样的委屈心理。

还有，总是勉强自己帮助别人也容易让对方对你产生错误的期待和判断。就像甲的同事偶尔被婉拒一次就觉得甲的"翅膀硬了"。

L 是一个周末就喜欢宅在家里的小青年。D 是 L 的同事，两人在单位里关系不错，私下里也算谈得来。一次周末，D 约 L 去市区图书馆听一场关于古埃及历史的讲座，L 真不想去，但碍于关系还是答应了。可能内心真的排斥，L 磨磨蹭蹭竟无心迟到了 20 分钟。过了一周 D 又约 L 去听另外一场讲座，L 碍于交情不想扫 D 的兴，但还是答应去了。但这次更糟，L 直接在讲座中睡着了，仰着头打呼时还把自己呛醒了。L 看得出 D 脸上明显是尴尬和不快，只好坦言相告自己不是故意让他难堪，而是真的不喜欢听讲座。D 一脸吃惊地说："第一次一约你你就答应了，我以为你喜欢这类活动呢。要是早知道你周末喜欢宅在家里，我肯定不会约你了啊。你干吗不早说啊？"

你以为勉强自己答应了别人的请求或要求是一种善良，但这善良包裹着自己的不情不愿和别人误以为的心甘情愿，其实对双方都是一种痛苦。*不懂拒绝，就是苦了自己还坑了对方。*

2. 你是老好人，还是喜欢讨好人

我们通常会认为一个不拒绝别人请求的人一般来说都是个好人。也许吧，就像我前同事 A 那样，她能够放下手中的工作去全力帮助同事解决难题，哪怕到凌晨三点；她也愿意牺牲自己的休息时间去倾听新同事讲述在工作中遇到的诸多不顺和困惑。A 是真的喜欢助人为乐、不求回报的老好人。

可并非每一个不懂拒绝的人都和 A 一样有"老好人"特质，有些人勉强自己去帮助他人有可能是因为他本身就是"讨好型人格"。看看下述几项原因，有没有说中你的心思？

● 害怕说"不"的心理，是一种以自己主观为蓝本来看别人的心理投射。

拒绝别人未必就会伤害到别人，本质上是自己内心受不了被人拒绝，所以认为别人也受不了拒绝而不敢拒绝别人。

在过去的经历和人际环境中，这类人一定经常处在"不许你×××"的氛围下。在这种氛围下，他的思维和思想被制约，难有自主性和创造力的发挥，所作所为无形中被一种"势力"控制着，总是听到和遭到"你不能……""你不要……""你如果不……就会……"的指引，脑海容纳了与"不"相关的内容，为达到"不"的要求和避免违反"不"的惩罚，一个人的个性里会渐渐形成对"不"的高度敏感，使得他习惯服从权威，同时又厌恶和敌视有关"不许你"这样的权威，在内心产生很深的焦虑。

● 害怕说"不"的心理，源于人情压力。

过于看重"人情压力""面子"，本质上都是"讨好型人格"的反映。这种人是活在别人的印象中，其自我概念是建立在他人评价上的，其个性决定了他在人际交往时，会高度关注他人的行为反应，包括他人的需求。如果他在意了别人和满足了别人，自然会获得别人的好感；好的态度和好的评价，自己就会感觉被重视，觉得自己做得很对，很有成就感。

这种自我肯定源于别人肯定的人，是无法在他人面前给予否定的，即害怕说出"不"。他在对别人有求必应的"讨好"中，充分感到自我的存在和存在的价值。

● 当然，有时候害怕说"不"未必有复杂的原因，仅仅是你低估了需要花费的时间，或者高估了自己的能力。

原本以为十分钟能搞定这件事所以欣然应允，做起来才发现原来并不是那么容易解决；之前处理过类似的问题觉得帮同事搞定肯定没问题，结果发现根本就是两回事。因为对所需精力的不正确估量也会让人轻易说"是"。

3. 说"不"是你的权利，更是你的能力

懂得拒绝别人不仅是你的权利，更是人际交往中的一项技能。

首先，对自己有伤害的要坚决拒绝；其次，要视事情的轻重缓急来判断，是不是当下必须要去做？还是可以暂时说"不"稍微等等；最后，也是最重要的，要顺应自己的内心。如果这件事你确实不想做，也要勇敢、漂亮地拒绝。

漂亮地拒绝他人的方法应该遵循以下原则：

第一，学着允许自己拒绝。

无论你是真的古道热肠还是别有目的，你要知道在这个世界上说"不"是你的权力。如果你在内心无法接受自己对别人说"不"，那你永远都不可能真的坦然面对拒绝这种事。

第二，讲真话。

如果你不想参加某个活动，那就直接告诉对方你对这类活动不感兴趣，而不是拿着要加班、时间不合拍等诸如此类的理由做借口。这样做的好处是让对方清清楚楚地知道你的喜好，而不会抱有希望一而再再而三地"打扰"你。也为对方省时省力。

如果你不喜欢某个人，那就在最初接触后让对方感受到你的拒绝之意，而不是说自己再考虑看看、顺其自然吧。

无论是职场还是生活中，让对方了解你的真实想法而不是玩心机、假迎合都会使你与他人的相处和沟通更简单、有效、舒服。

第三，注意态度和语气。

你有机会拒绝别人不代表你高人一等，只是在交答案时你是更有主动权的那一方。所以，诸如居高临下、强势、冷淡这类态度和语气都要不得。尤其是当你们并非上下级关系、处在公事当中。

"不"字有很多种方式可以说出口，一个字时难免显得不近人情。如果你能在"不"字前面先加一句"抱歉""不好意思""谢谢你的邀请"等，对方心里也许会被拒绝得更舒服一些。当然，如果你还不放心，那也可以在你解释完缘由后告诉对方自己的一些"私事"，比如感兴趣的事、喜欢的异性性格，让对方更加相信你是对事不对人。

也许在下次说"不"前可以先尝试用下面的一些小方法：

① 别急着打断别人，让对方说完；

② 在给出答复之前，先考虑考虑，不要马上就说"不要"；

③ 不要噼里啪啦给出一长串借口，感觉很多余，只要诚实地说出自己的想法就好；

④ 语气要诚恳；

⑤ 不要说"我不确定"或"我不知道"这些让对方模棱两可的话，他们会不明白是你答应还是拒绝。

第四，放弃对别人好评价的依赖。

如果你总是过分在意他人对你的看法和评价、一直要获得好评，那你只能做个违心的"老好人"。你有自己的个性和原则，不必努力活成他人眼中的样子。

第五，成为独立的人。

学会拒绝他人还有很重要的一点是让自己首先成为一个独立的人，如果你总是寻求他人的帮助，对方难免"礼尚往来"。

学会拒绝是一个需要练习的技术活，在说出"不"的同时势必也需要承担一定的风险和后果，比如，可能就是会招惹到一些同事，但如果按上述方式加以练习可以把风险降到很低，让对方满心欢喜地接受你的拒绝，相信你是真诚的"无能为力"。如果你害怕对同事或不熟的人说"不"，可以从拒绝亲朋好友开始练胆量。

例如，找亲朋好友作为练习拒绝力的对象，当对方提出"这家店的东西非常好吃"的晚餐邀约，而你恰巧不喜欢那家店时，便可以委婉地提出"我昨天刚去过，在附近刚好有另一家很好吃的店，要不要去试试"。

4. 如何对领导说"不"

学会说"不"这项技能里最难、最敏感的是如何拒绝领导。一旦处理不好，就会给领导留下坏印象，让自己后患无穷。

和老板沟通时，不要直接说"不"。而是用先肯定、再否定、后安抚的"迂回策略"更有效。不妨先向老板表示赞美，然后再提出理由，加以拒绝。由于先前对方在心理上已因为你的认可而拉近了与你的距离，所以对于你的拒绝也较能以"可以体会"的态度接受。

在这个过程中，最重要的是给老板提出解决方案或是替代方案。如果你经过深思熟虑和充分准备，向老板提供正确的数据和充足的信息，帮助老板决策，老板会欣然答应的。因为建设性意见通常是最受欢迎、最易被人接受的。

如果企业文化是比较民主的，老板重视下属的意见，那么当面提应该问题不大；如果企业文化相对比较"一言堂"，就需要在引起老板的重视、达成共鸣的基础上陈述自己的方案。只要处理得当，向老板提出反对意见也是一次亮出自我、获得老板赞赏、赢得信任的机会。

比如，我的前老板在一次团队建设时提出周末组织员工去放松，可他指定的地点又是那个大家去过 N 次的度假村，大家都没兴趣。公司的 HR 清楚这一点，在开会宣布度假决定的时候，她满口赞成老板的建议，并把"指示"记在了本子上。会后，她找了个机会，向老板说明了情况，并向他推荐了一个更好的去处。后来，老板果然改变了自己的决定。HR 在大会上既尊重了老板，又履行了自己的职责，让公司员工更愉快。

不让对方感到难堪的拒绝其实是一种能力和善念。用成熟的态度、聪明的方式拒绝别人，同时也是善待自己。

提 问

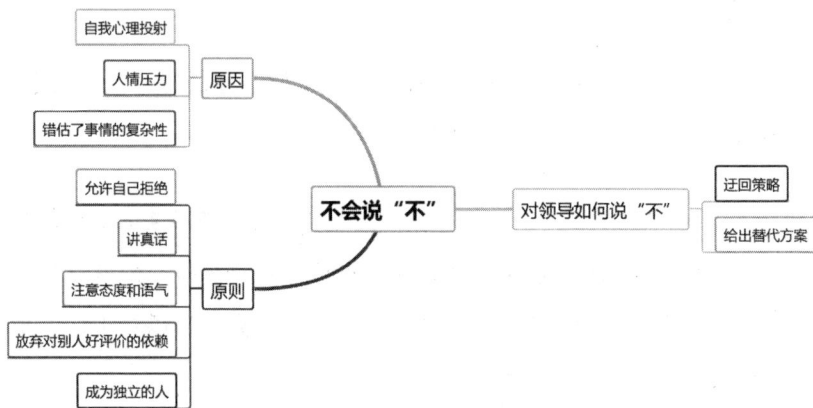

如何反馈才不被反感

小呆真的受不了坐在隔壁的同事麦子。每次和麦子一说话，那种明着谦虚实则显摆自己的说话方式都会让小呆不想搭理他。小呆尽量避免和他沟通，但工作时难免需要交流。小呆每次的提议都会被麦子温柔地批判一通，可他又提不出什么建设性的看法。这种只会给别人挑刺的反馈方式让小呆想把麦子这个人直接"拉黑"。

日本松下电器总裁松下幸之助有一次在一家餐厅招待客人，一行六个人都点了牛排。等六个人都吃完主餐，松下让助理去请烹调牛排的主厨过来，他还特别强调："不要找经理，找主厨。"助理注意到，松下的牛排只吃了一半，心想一会儿的场面可能会很尴尬。

主厨来时很紧张，因为他知道客人是大名鼎鼎的松下先生。他紧张地问道："是不是牛排有什么问题？"

松下略带歉疚地说："牛排很美味，但是我只能吃一半。原因不在于厨艺，牛排真的很好吃，你是位非常出色的厨师，但我已 80 岁了，胃口大不如前。我想当面和你谈，是因为我担心当你看到只吃了一半的牛排被送回厨房时，心里会难过。"

如果我是那位主厨，不仅会被松下先生的教养折服，更会被他用心良苦的反馈感动。人人都需要或者希望被理解，很明显，作为客人，松下先生懂得主厨在意什么，尽量守护主厨的尊严。

好的反馈始终是心中有他人，而不是现在流行的"硬怼"。

反馈并不是一件容易的事，一旦尺度没有把握好，很容易变成批评。这也是为什么大家更倾向于保持沉默，在我们的意识里认为产生分歧和提出建设性批评意见会不利于人际关系。

反馈有三类等级，具体如下：

（1）最劣质的反馈

● 没反馈——当对方征询意见或看法时，直接以沉默对待，或者用"挺好的""还行吧"这样简单粗暴的语言回复。

● 直接回击——"如果你的表格能做得清晰一些就更好啦""我觉得已经挺清晰了"。

● 完全不被接受和认可——永远只看到缺点，不给予积极的反馈。最典型的例子就是小时候即便考了全班第一，父母也只会说"别骄傲，下次继续保持"，而非"你真棒，我们为你感到骄傲"。

最劣质的反馈有两个特点：你无法从中获得有效信息；这种情况会让人在情感和情绪方面受到不良影响。

（2）稍好一些的反馈

● 不直面问题

较之于最差一等，这类反馈能让人得到一些信息，但信息的有效性却未必好。

不直面问题——沟通中，当你抛出问题时，另一方总是顾左右而言他，让你得不到最直接的答案。

有时我会收到邀请为某个专栏写稿，稿费自然是我关心的问题之一。当我在了解清楚对方的需要和要求后开始谈及稿费，对方的回复立马显得"兵荒马乱"。比如，我问："你们的稿费是如何计算的？"对方会说："我们平台有几十万粉丝，这对您是一个很好的曝光度。"

沟通是有时间成本的，如果你明知对方会在意某一点而自己无法满足，不妨在一开始就说明，这样彼此也可以考虑是否继续下去，或者可以换个思路去寻求合作。

● 模棱两可

模棱两可的反馈会让人很无奈，因为通常当人们寻求反馈时，希望能够听到明确的、清晰的、更偏向于给出结论的答案或指引。

而给出模糊答案的人，通常他们由于想得不够清楚、立场不够明确或压根就没有理解问题等原因，无法做出有效反馈。

我曾和一位前同事一起讨论某位客户，希望能够尽快与他签合同。一开始我阐述了此次沟通的目标，同事很给力，在白板上洋洋洒洒地写了针对这位客户的分析：客户特征是 ×、客户需求是 ×、我们能提供的帮助是 ×，看上去相当全面。

但这并不是一种有效反馈，原因有两点：

a. 她的分析里有不少难以自洽的地方。比如，同事指出"该客户家境优越不介意购买优质服务"这个特点，但在后续分析我们服务的优势时，她提到"与竞争者相比，我们的产品一大优点是价钱低廉、性价比高"。

b. 只陈述表象，缺少分析。就像"该客户家境优越不介意购买优质服务"这个结论，并不是同事通过亲口询问客户得出的，而是根据客户背的名牌包得出的。显然，客户有钱不代表他愿意在另外一方面花重金。

模棱两可型反馈虽然看上去也是面面俱到，但与全面、合理的反馈不同，难以自洽、缺少分析是它最大的问题。

● 讨好他人

讨好他人这种反馈通常发生在面对比自己位高权重或有所图的对象时。我们担心自己的真实反馈会影响既得利益，所以不得不用"深深的套路"去讨对方欢心。

比如，老板的新发型明明不好看，但当她询问你时，你也只能说"看上去真有气质"，如果你认真提出改良意见，估计接下来的日子会不太好过。

（3）最好的反馈＝环境宽松＋认知准确＋感受良好

那么，究竟什么是好的反馈？其实就是能从环境、认知和感受三方面都得到好的体验。

● 环境宽松

斯坦福大学商学院卡罗尔·罗宾教授表示，在猜测别人对我们的看法时，我们总是会去假设最糟糕的情况。"如果无法获得反馈，我们就像盲人摸象，这将带来不必要的压力"。而解决方案就是，在人际关系和工作场所中营造一个"宽松的反馈环境"。

a.开门见山，明确目标。尤其在奉行效率和效果优先的职场沟通中，这一点更为重要。

不妨直接告诉对方，为什么会有这次沟通？

此次沟通你希望达成的目的是什么？

你希望对方给你在哪些方面提出反馈？

b. 避免抵触和防御心理。

反馈中我们可能会接收到一些"不太合自己心意"的、甚至是有冲突的信息，这时要提醒自己不要恶意揣测对方的用意。获取反馈正是希望自己得到不同看法能够改进工作、丰富认知。所以，一旦进入到反馈模式请务必保持开放的心态。

c. 表达感激。

愿意为你花时间的人，都值得我们好好感谢。

● 认知准确

a. 反馈是一件共同合作才能完成的事。

倾听在交流中当然非常重要，但这不代表当你向对方寻求反馈时，保持听的状态，而是你要随时告诉对方你得到某个反馈后的理解和感受，这样才能促成反馈呈螺旋上升的轨迹继续下去。

b. 言之有物。

好的反馈一定是能让人明确接收到所需要的信息的。这个信息可以是一个答案、一项指示，或者提供渠道、展现出计划让对方明确知道下一步计划。

c. 懂得适时停止。

吸收、消化信息需要时间，思考、酝酿想法需要时间，当寻求反馈的问题超出你所能提供的帮助范围时更需要暂停。反馈不是非得即刻在当下就产生效果。

● 感受良好

a. 被理解。

好的反馈一定会让提问者有被完全理解的感觉。所以，不妨在过程中时时问问对方是否理解了你的意思？自己的反馈是否合情合理。

b. 语言技巧的重要性。

反馈需要提供有建设性的看法，但这并不意味着一定得用教导、居高临下或者批评的口吻去做这一切，认可对方的提问和已有看法可以促进交流更加顺畅；还有，多使用"第一人称"比如"我们"，而不是"第二人称"，以此来拉近双方距离。

总 结

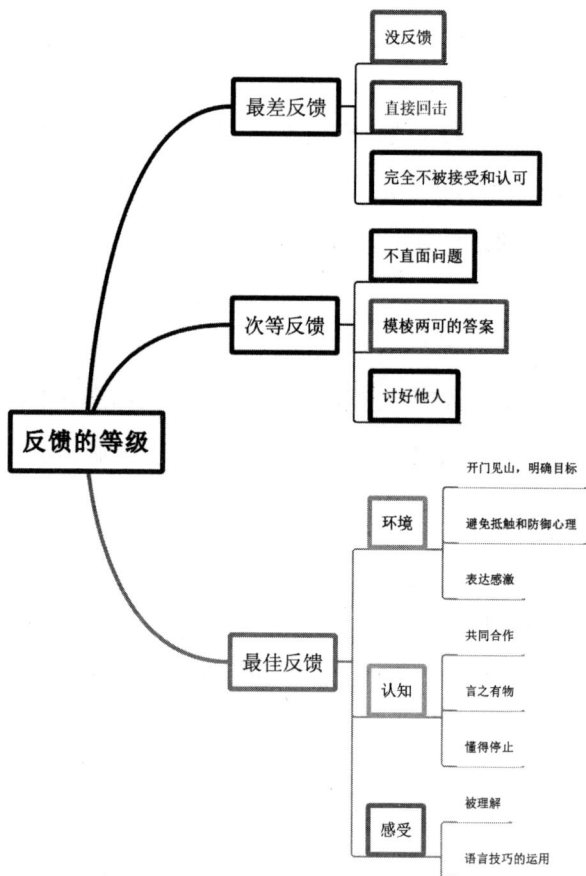

职场中，哪些说话方式一开口就讨喜

开 篇 语

　　小呆肠子都悔青了！今天团队开会时，领导觉得小呆之前做的数据分析不错，就让他加入新项目做协助工作。本来是件好事，可领导当着大家的面夸小呆时，小呆秉持了中国人谦虚的美德，一个劲儿地摇头摆手说自己不行，一时把领导弄得有些尴尬。"自己这张嘴啊，什么时候才能说正常的人话！"小呆埋怨自己。

　　你在工作中说过类似下面这些话吗？

　　同事向你叙述一件事，听完后你的开场白是"恕我直言""我这人是个直肠子，说实话你可别不开心啊"；

　　上司问你一个问题，因为所问之事不在你的职责范围内所以你不熟悉，上司讲完后你的第一反馈是"我不是很清楚""我不知道"；

　　还有，对方好不容易完成了一项复杂的工作，希望你能提一些看法，你非常实诚地说"我觉得你这里和这里做得不够好"。

　　…………

　　有人说在职场上会说话的人能够减少技能上的要求，说得漂亮可以在职场上发展得很好；也有人说，能力强者不必在意说话的艺术。

说话是我们安身立命的技能，真正的强者不仅在乎自己的头脑，更在乎自己的嘴巴。一个人的表达方式能体现出他的知识水平和教养，更重要的是，现在没有什么工作是只靠一个人单打独斗就能完成的，工作中，我们需要与不同的人产生各种联系，小到在茶水间和同事闲聊，大到向上级汇报工作，好好说话能让工作事半功倍。

如果你每次说完话都会产生"天哪，我刚才怎么会说出那样的话"这种想法，推荐你试试下面这三种方法：

1. "套路"一：不到万不得已，永远不要出现否定形式

"否定形式"不仅是指"不""错"这类明确拒绝和否定别人的词，那些带有转折意味和直言不讳意思的话也算在其中。

比如，你很赞成一位同事的想法，你可能会说："这个想法很好，但是你必须……"前半句带来的好感因为有了后半句使得这种认可就大打折扣，*不妨把"但是"换成"而且"*，比如"我觉得这个建议很好，而且，如果在这里再稍微改动一下也许会更好……"

当"转折"变成"顺其自然"，会让你在对方面前加分很多。

再比如，当部门开会的时候，针对某一提议让大家进行讨论。然后你开口说："老实说，我觉得……"也许你觉得自己是非常诚实、掏心掏肺，但在别人看来会觉得多此一举，难道你以前的发言都不是肺腑之言？

我们无法确保自己总是百分之百正确，也不想"祸从口出"，所以最好的办法就是把否定态度表达得委婉些，实事求是讲出自己的理由。

2. "方法"二：要明确和积极、不要模糊和消极

有人觉得在职场应该尽可能避免讲话过于肯定，因为这涉及责任问题。即

尽可能避免确定性，因为这涉及责任问题。事实是，当你给出的答案不够明晰、总是含糊其辞时，不仅会因为对方接收困难而影响工作效率、效果，还会给对方造成一种不靠谱的形象，而一个优秀的职场人一定不会让自己的说话方式拖累工作效率。

比如，当你在和一个重要客户通电话时，你对他说："我这周末左右再给您打一次电话。"这就给人一种印象，觉得你并不想立刻拍板，甚至是更糟糕的印象——别人会觉得你的工作态度并不可靠。如果你能改成："明天 11 点整我再打电话给您。"这样既能让自己的日程更明确一些，也防止对方因为你的"宽松"而有机可"逃"。

还有一个现象是我在工作几年后才发现的。刚工作时，每次遇到大家提供解决策略这类会议或讨论时，我习惯性会说这样一句话："这仅仅是我的一个建议。"后来一位老员工提醒我，其实你提的点子不错，可每次都这么说会让大家觉得你很不自信，这样你的想法、功劳和价值都会大大贬值。所以以后我都会直接说："这就是我的建议。"

另一种情况是，当我们需要向领导汇报一项工作的进展时，有些"不会说话"的员工会说："我得先熟悉或准备一下。"这样的讲话态度会给领导一种悲观又不靠谱的感觉——"难道你的工作自己还不熟悉吗？"

永远不要直接给领导否定答案，永远不要让领导察觉出你有"推三阻四"或带条件的感觉。如果你真的需要时间准备，不妨告诉你的上司："没问题！一小时之后我向您汇报，您有时间吗？"然后赶紧利用好这一小时。

3. "方法"三：适时沉默也是一种职场竞争力

职场上，最能说的那个人不代表就是最能干的那个人。在不对的时机、不对的场合和不对的人面前，保持沉默远胜过千言万语。

同事很忙时你向对方征询意见和看法、老板脸色不好时你要去寻求帮助、大家都严肃认真讨论时你非要"活跃气氛"去讲个冷笑话、团队一鼓作气时你却要泼冷水。这些都属于"不对的时机"。

另外，在茶水间不代表就可以大聊八卦，和关系不错的同事在午休时间一起吃饭不代表就可以随便讲别人坏话，在聚会上把酒言欢时不代表就可以掏心掏肺表达自己的情绪。这些畅所欲言和无所顾忌只会显得你既冒失又没有教养。

上面那些话在任何场合说都有失妥当。

最后，"不对的人"是指当你说话时，尤其在正式场合，请务必先考虑一下基于对方的年龄、亲疏关系、地位和性别，说出这样的话是否有失分寸。

年长的同事，经验比你丰富得多，应该对其持尊重、谦虚、服从的态度。即使自己不认为正确也要注意聆听，而后再提出自己的意见。与年长的同事谈话时，不必提起他的年龄，而只去称赞其干的事情，你的话肯定会温暖他的心，使他重新感到自己还年轻，还很健康。

对于不同性别的同事说话也不要太随意。即便是玩笑话，也要注意分寸。

与地位、能力、知识、经验、智慧比你高的同事谈话，特别要注意采取尊敬的态度，要以他的谈话为主题，听话时不要插嘴，应该全神贯注。同时也要注意维持自己的独立思想，不要做一个应声虫，使他认为你唯唯诺诺，没有主见。

与比自己职位低的人谈话，不要趾高气扬，应该和蔼可亲，庄重有礼，避免用高高在上的态度来同他谈话。对于他工作中的成绩应加以肯定和赞美，但也不要显得过于亲密，以致使他太放纵。切记不要以教训的口气滔滔不绝讲个没完，使对方感到厌烦。

想练就高超的说话技巧，绝对不是靠"突发奇想"或"灵机一动"，而是需要平时一点一滴的累积，到重要关头才能现场发挥。《临场说话的技术》一书中作者就曾为临场说话说做过很多"功课"和准备，这些方法也适用于工作场合。

● 满足对方的"心理需求"，说话时也要运用心理学。面对"权力与价值"需求较强的人，多说"我很尊敬你""这一切多亏有你的帮忙"；面对"自由"需求较强的人，多说"一切交给你了""照你的意思去做做看吧"；面对"爱与归属感"需求较强的人，多说"跟你在一起真有趣""能认识你真好"。

● 对关键人物制作"个性调查说话表"。根据"对方在什么情形下会动怒、开心、悲伤"，详细制作一份"应对说明书"，并随时更新。例如：M 社长喜欢打高尔夫球，不过成绩差强人意，与其讨论杆数，不如多谈球场与打球技巧。 总务课的 H 课长超喜欢吃甜点，不过经常在减肥，所以讨论美食跟体重时，要特别小心。

● 事先准备令人莞尔的说辞。脑袋平时就要收集足够的故事，储存不同的话题，越多越好，随时更新并写在笔记本里。记录新话题的同时，检查是否有"落伍的梗"，再加以删除。日本演讲家大谷由里子本人就随时准备着 180 个 5 分钟的小故事，以便灵活运用。

"会说话"不是一项技巧，也不是一门功课，它应该作为我们终身携带的一种能力去好好修炼。

总　结

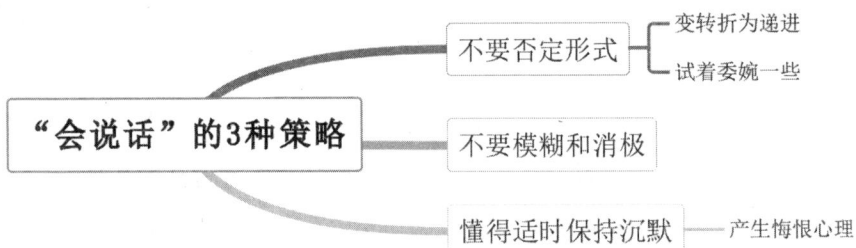

"会说话"的3种策略

- 不要否定形式
  - 变转折为递进
  - 试着委婉一些
- 不要模糊和消极
- 懂得适时保持沉默 —— 产生悔恨心理

工作中，有时你需要成为一名沉默者

开 篇 语

作为新入职的菜鸟，小呆特别崇拜自己的一位同事。这位同事口才太好了，老板的什么问题他都能接上话，而且每次都是第一个发言，态度非常积极。可奇怪的是，那些老同事们对他的评价却不高。"难道是嫉妒他吗？"小呆心里不解。

现在教人说话的书很多。说话应该有道、有术，说得好甚至可以成为一门艺术。所以蔡康永、高晓松、马东、黄渤这些人才会有那么多拥趸。他们都以"能说会道"著称，并时常被人贴上才高八斗、情商高这些标签。

"会说话"是一种绝佳的展现自我的手段。当你和对方第一次见面，或者彼此并不熟悉时，你的谈吐就是你个人修养、学识、情商、性格的集合体。小时候我们被父母"教育"学习如何有礼貌地说话，成为学生后学习更多的词汇去修饰自己的语言，当我们踏入社会和职场时，开始执行社会人、职场人的说话准则，这一切与树立良好的个人形象有莫大关系。所以，会说话绝对是优质人才的条件之一。

可是，"会"说话是个技术活儿，需要日积月累的知识储备、阅历铺垫甚至刻意的修为。也许我们都"能"说话，但"会"说话的人始终是凤毛麟角。想想你有多少次因为心直口快无意中伤了别人；有多少次因为说者无意听者有心和对方产生了间隙；又有多少次因为中了说多错多、言多必失的"魔咒"而错失机会或遭人误会？所以，当你在职场中还不能很好地驾驭自己的语言技能时，懂得适时说话是非常有必要的。家人、同学、朋友也许会因为你们彼此间的感情、了解你是什么样的人而原谅你的无心之言。但在职场中，你的同事、上司没有义务为你担待这些。

1. 不要生产没必要的劣质即兴发言

以前参加公司每周例会时，我特别害怕听市场部的 Luna 发言。她是一个对工作充满热情、专业知识和经验丰富、也喜欢表达自己看法的人。几乎每一次，当老板提出一个问题时她都会第一时间讲出自己的看法，给人一种思维敏捷、反馈及时的感觉。但实际上，她的这种发言含金量很低，要么是在讲一些主观的东西、要么就是文不对题跑偏了。要知道，公司例会的参与者中不仅仅有普通员工，还有各团队的领导。对于职场新人来说，他们会觉得 Luna 好聪明，但对经验和业务都有一定积累的同僚们与水平高于她的领导们来说，听 Luna 发言简直就是在浪费时间。

我把 Luna 的这种发言称为*劣质即兴发言*，它是一种仅凭直觉和经验、缺少一定思考脱口而出的发言。

即兴发言，通常是我们对眼前正在发生的一些事情有所感触、临场发挥而做的一次发言。但"临场发挥"不代表随意。每一个好的即兴发言看似不经意，实则都有精心的编排，无论是记在便笺上的关键词，还是在草稿纸上列出草稿，从开头、内容到结尾，其实都有章法和逻辑，甚至还会计算每部分占用的百分比。

所以，像 Luna 那种当下凭着自己的直觉和经验就脱口而出的回答，也许在朋友之间闲聊时无妨，但在职场上，一定要避讳。因为这种劣质即兴发言会给同事（特别是有经验的）和领导产生两种印象：

第一，这样的人不擅长思考。

如果你的回复能做到快、准、狠，当然完美，但大多数人往往顾此失彼。像 Luna 那样追求"快"回复的人只是在用大脑中的"应激反应"应对而非理性和逻辑。失去理性和逻辑的语言不仅经不起推敲，往往还会给他人造成更大的困惑："你到底想表达什么？""回答和问题的关联性在哪里？"

一旦我们给同事、领导有了这样的印象，我们将会失去职场中的信任、合作、机会和升迁。

第二，这样的人不尊重他人。

正如我前面所说，听 Luna 发言总会有种时间被浪费的感觉，而且这绝不是我的个人偏见。

入职久一点的同事也许和你有着体会相似的经验、业务知识与技能，当大家花时间听你发言却只得到一些常识性的东西时，对新员工来说可能是一次很好的"科普机会"，但对于有经验的员工来说真的只有失望。通常我们内心是"拜托，能不能讲点新鲜的啊"。

而对于上司来说，这无疑是更大的折磨。一个人能获得比你高的职位，通常来说他在经验、技术、业务方面的知识和水平都远超于你，既然他向员工提出了某个问题，说明这个问题一定是在他目前的能力范围内无法解决的，所以需要群策群力。当然，这并不是要求你即刻就要贡献好的解决方法，但至少我们应该在发言前想到，这些常识性、基础性的答案你的上司有多大可能在提出问题前就已经想到，以及你是不是真的听清并理解他所提出的问题？

这让我想起了当时我作为团队领导与 CEO 一起听另一个部门员工的转正述职报告。明明他需要阐述的是试用期内自己的工作结果、优势、劣势以及改进办法。但最后画风却变成他在台上大讲特讲"公司目前有哪些问题，我觉得应该如何解决？"CEO 人不错，耐心听他讲完后说了三点：1. 你说的这些问题和解决之道在这里工作一年以上的员工都能看到和想到，所以你浪费了我们在座的每个人至少 20 分钟的时间；2. 这是我该考虑的问题；3. 抱歉，你的述职报告无法通过。

2. 优质的沉默者选择"解答"而不是"回答"问题

劣质即兴发言很少在优秀的沉默者口中出现，当别人在说的时候他们在听、在思考。从我在职场中获得的经验来看，*懂得闭嘴的人往往也是一名好的聆听者和思考者*。

容易生产劣质即兴发言的人在回答问题时，往往用一种简单粗暴的方式，即：听到问题，马上凭直觉和经验回答。

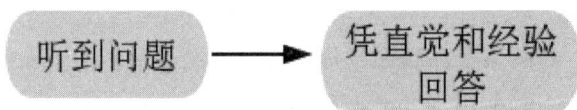

听到问题　➡　凭直觉和经验回答

而优秀的沉默者在听到问题后是这样处理的，如下图所示。

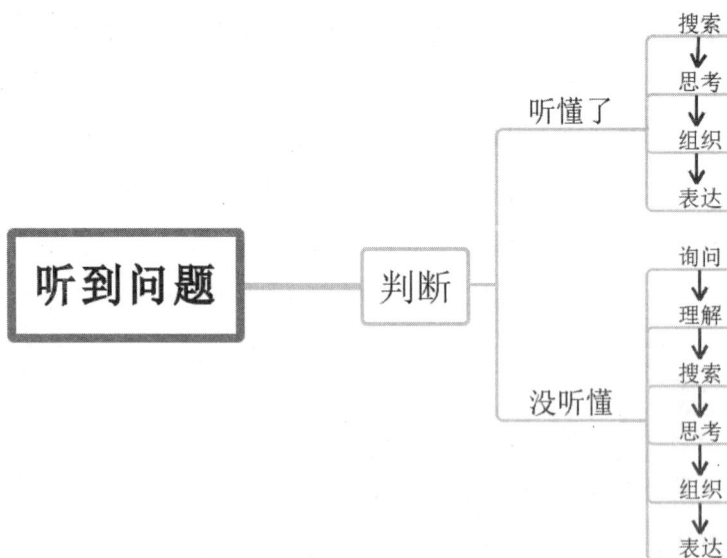

听懂了：搜索 → 思考 → 组织 → 表达

听到问题 — 判断

没听懂：询问 → 理解 → 搜索 → 思考 → 组织 → 表达

通常，他们在听到问题后的第一反应不是"回答"，而是先判断自己是否听懂并理解了问题（这一步非常关键）。确定理解题目后，接下来要做的就是在自己的经验库和别人的发言中搜索，汲取可能有助于形成答案的一些因素和条件；然后根据自己的业务知识和技能进行思考完成第一次创造，形成答案的雏形，接着运用逻辑组织语言，最后条理清晰地进行表达，完成第二次创造。

当他们经过判断之后发现自己没有理解问题时，会进行询问。比如，讲出自己对问题的理解，或者提出自己的不解之处，让提问者将问题阐述得更加清晰，直到确保自己完全理解了题目的意思。在理解题目之后所进行的步骤也是搜索、思考、组织、表达这四项。

这个过程是我在数年的职场生涯中通过观察归纳总结出来的。

所以，优秀的沉默者在回答问题时，抱着的并不是"回答"这个态度，他们的终极目标是经过上述整个过程去"解答"问题。"回答"问题，特别是仅凭直觉和经验的回答有应对的成分在里面，而"解答"问题，才是想通过理性和逻辑去解决问题。

不着急发言、懂得在问题提出之初先闭上嘴去理解问题真正的意思，然后从自己的经验、知识和别人的发言中汲取素材，开动脑筋去解决问题，这是聪明职场人的做法。

3. 能说会道 VS 沉默的力量

我们可以去思考一个问题：职场中，那些看上去能说会道、喜欢滔滔不绝发言的人，实际上希望表达的是什么？

看上去他们是在回答问题，但实际上他们是想通过语言表现自己来得到同事和领导的重视、认可，以此在职场中获得升职、加薪的机会。其实，这无可厚非，如果没有追求升职、加薪的欲望，必然也不会对工作全力以赴。

正如我前面所说，我们希望别人能从我们得体的谈吐中看到出色的修养、渊博的学识、卓越的情商以及良好的性格，所以才会去追求说话的艺术。这个期待放在职场中当然也适用，我们希望同事和领导能从我们日常的言谈中（特别是当我们还是职场新人、没有过多的工作成果可以去展示时）得出一个对于我们的美好形象，比如我是一个自信的人、我是一个高效的人。

我发现一个有趣的现象，职场中那些喜欢滔滔不绝的人看似强势、自信、有一种出尽风头的感觉，但领导们往往重用的不会是这类人。因为这样的人通常"力量感"很弱。我把职场中的"力量感"定义为：工作完成的出色程度、领导的倚重程度以及同事的评价三项因素交叉产生的一种能力。

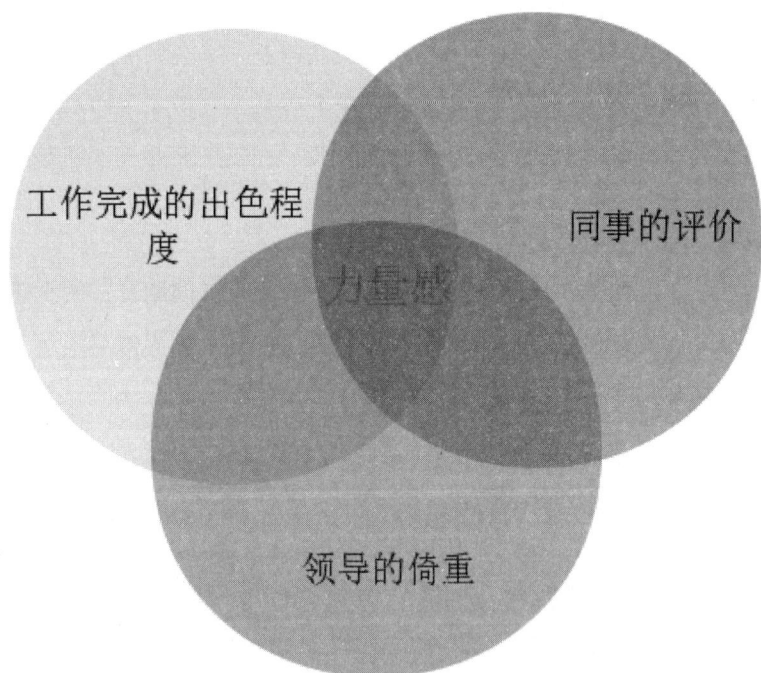

工作完成的出色程度

同事的评价

力量感

领导的倚重

那些急于回答问题而不是真正去解答问题的"能说会道"者们因为往往提供不了货真价实的建议,所以在领导倚重程度方面势必是打折扣的。这些人工作完成的情况又会如何呢?这也许和他们从事的岗位有关,比如一个能说会道的人也许能成为一个不错的销售(的确有不那么理性的客户吃这一套)。但因为他们缺乏深入地判断、思考、组织、表达这一整套逻辑严密的处事过程,所以他们永远不可能成为优秀的销售。更不用说像技术、研发、分析这样的岗位,往往是更看重于头脑而不是嘴巴。至于同僚们的评价,我只能说一个人有多少斤两是路遥知马力、日久见人心的事。

而那些优秀的沉默者们力量感往往更强大。他们并不需要通过急于表达自己去塑造某种美好形象,他们的力量感更多地体现在他们做事的结果上。所以,优质的沉默者其实有一种隐性的自信,他们在暂时沉默之后往往能给人带来意料之外的效果。

我的前同事 G 就是一个优秀的沉默者。她给我的第一印象是特别不善言谈。我、他和另外两个同事一天入职,作为刚入职的新人,我们都急于想给领导们留下深刻的印象,所以在 Orientation 的自我介绍、互动和提问环节,大家都积极甚至抢先发言,就是明白第一印象的重要性,而 G 从来都是最后一个发言的人。

神奇的是,五年过去了,她在 Orientation 中的一些发言和提问因为条理清晰、逻辑严谨令我记忆犹新,但另外几位同事包括我自己的发言和回答早被忘得一干二净。

事实证明,五年中,公司所有人都在乎 G 的看法,领导有重要会议时一定会让 G 参加,希望听到她的看法;同事有疑问或需要寻求帮助时第一人选也一定想到她。虽然她依旧不擅长"积极发言"、总是在后期才抛出自己的看法,但我们愿意等待她的每一次发言。即便有时她确实没什么想法可贡献,她也会如实告知,但总会再提出一些问题起到抛砖引玉的作用,让我们去思考和解决问题。

Stephen R.Covey 在 *The Seven Habits of Highly Effective* 这本经典著作中提到的第一个习惯就是积极主动，但这并不意味着一个职场人的自信和力量感要完全仰仗这四个字。我们太容易把"积极主动"这个词做流于表面的理解了，正如 Stephen R.Covey 说的，"积极主动不是鲁莽行事"，我们需要的是在沉默时努力聚集力量，然后用展示事情的"结果"而非看似"华丽开始"的方式去增加自己的力量感。

如何成为一个优秀的沉默者？

我们需要从态度和方式两方面去修炼成为一个力量感强的优秀的沉默者。

首先，我们要抱着解决问题的态度去面对职场中的疑难杂症，而非为了博取眼球、引起重视去"积极发言"。只有在态度上进行根本转变，我们才有可能在行为方式上逐渐向优秀的沉默者靠拢。

在方式上，优秀的沉默者处理问题时会历经采集、酝酿、传达、收集反馈这四个时期。

在采集期，要遵循"二二二"原则，即用两项技能针对两类对象去思考两个问题。

两项技能是：聆听能力和理解能力；

两类对象是：提问者和先发言者；

两个问题是：他到底在说什么，我是否真的理解问题？

注意：聆听时不要忘了"好脑子不如烂笔头"这个老理儿，真正想要解决问题和认真聆听的人同时也是一个勤快的记录者。

在酝酿期，主要分为两个步骤：搜索与质疑；组织与加工。

第一步：搜索与质疑。从个人经验库、提问者的立场、先发言者的言辞三方面去整理出答案雏形。但注意，并不是一整理完马上就把它展示出来，在这个环节我们需要有一个自我质疑机制，即反问自己：我的这个答案解决了问题吗？还是解决了部分问题？抑或是并没有解决问题只是起到了一定的引导作用？

之所以要做这样的思考，是因为在你陈述自己的答案时可以先对其进行定位，让听众对答案抱有一个合理期待。

第二步：组织与加工。这一步是大脑对即将表达的语言进行编排。可以试着围绕"如果我是听众，什么样的表达方式更容易让我理解"这个问题来进行组织。

在传达期，可以运用口头和书面两种方式进行陈述。

但要注意一点：听众的注意力是有限的，为了延长他们的集中注意力、为了让他们能够在你发言后记住那些关键的东西、同时也是为了让你的发言不跑偏，你需要首先讲出关键词或大纲，甚至应该让结论先行。

优秀的沉默者对于解决问题不会截止于此，他们会多做一步——收集反馈。

在收集反馈期，想要达到好的效果，抓住两个问题即可：①大家是否理解我的答案？②大家是否还有疑问？

收集反馈期一方面是为了确保听众都理解了你的答案；另一方面也是帮助你进一步完善答案。这一步是目的导向和责任心的体现。因为优秀的沉默者初衷是想真正解决问题，而不是按部就班走过场。

态度 —— 以解决问题为首要

如何成为优质沉默者？

方式

采集期
- 聆听
  - 提问者
  - 发言者
- 理解
  - 对方究竟在讲什么
  - 我是否真的理解了问题

酝酿期
- 探索与升级
- 组织与加工

传达期
- 口头 —— 关键词
- 书面 —— 大纲

收集反馈期
- 听众是否真的理解
- 收集疑问

以解决问题为首要

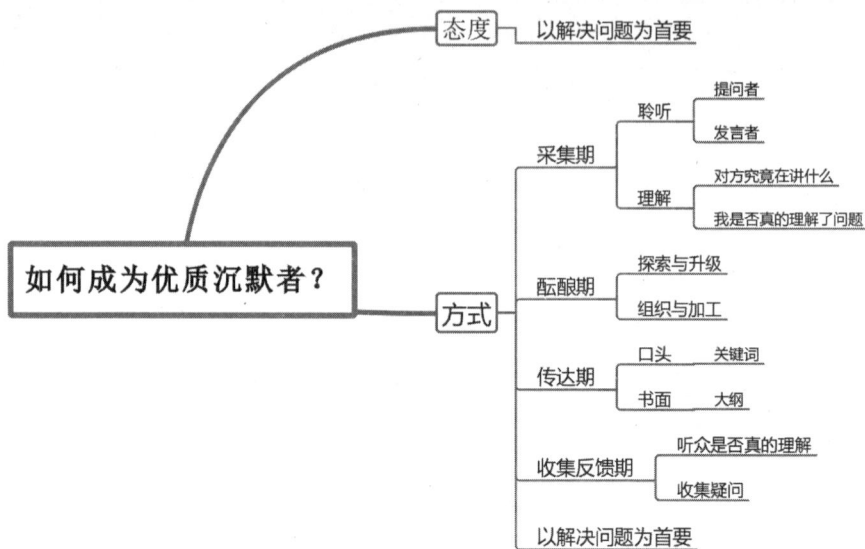

提示： 如果你是个急性子，下次开会发言时试着不要让自己先开口，等两位同事结束发言后你再开始发表自己的看法。注意认真倾听他们的发言，结合他们给出的答案把自己的看法更全面地展示出来。

第 4 章

工作中的那些尴尬时刻

为什么升职加薪的不是你

开 篇 语

　　小呆听职场人士抱怨最多的就是"为什么自己还没有升职加薪？"他也经常看到周围工作的人加班到深夜，好像很努力，但每隔多久就会听到那个人换工作的消息，问起原因十有八九都是觉得委屈了自己。为什么有人工作两年能连升几级、薪资翻倍，而有些人工作好几年只能原地踏步？究竟什么样的员工才能最快得到升职和加薪的机会？

　　总能看到 CBD 的写字楼里一盏盏不眠不休的灯，看到一个个加班的人脸上习以为常的疲倦，听着大家相互吐槽自己这么辛苦、可升职加薪的却永远是别人。

　　在职场上，一直原地踏步的员工有两种可能：

　　① 因为"想"太多。

　　② 不会和老板谈"薪"。

1. "想太多"的员工

● "想"太多闲事，做太少正事

职场上需要我们眼观六路、耳听八方，但心思太活络绝对是职场大忌。

"今天领导这句话是什么意思？"

"开会时部门领导看我那一眼有什么含义？"

"团队里的人都怎么评价我？"

"这个活儿我揽下来划算么？"

……

有多少人在犯这样的错——工作时把大部分心思放在了"揣测领导心思"、"思考他人"身上？

我刚参加工作时就犯了一个错误。记得某个夏天的周六去上班，当天公司有活动，人特别多，我就找了间安静的会议室忙自己的工作。过了一会儿CEO 路过，看见我在会议室，就推门进来说："最好和别人合用一间吧，这样少开一台空调可以环保些。"当时的我刚入职一星期，CEO 和我说的话不超过十句。那一下午我都在想："完蛋了！还不知道 CEO 会怎么看我。"然后一直责怪自己思虑不周。那一下午我都在担心、自责和抱怨运气不佳这些消极又复杂的情绪中度过，工作效率几乎为零。工作多年后发现，与其担心领导的责备，不如把自己的工作做好。

● "想"的太丰满，做得太骨感

你身边肯定不乏说自己是完美主义者的人吧，没准儿你就是其中一员。在职场中，完美主义者的"思考"有时是不完美的。

"这个计划是最完善的么？"

"这个目标是最清晰的么？"

"这个方案是最优化的么？"

"这套实施措施是最高效的么？"

然后，继续伏案改改改！

其实这种追求卓越的想法并没有错，而且较之于对上述那些闲事动的心思而言，这种"想"更有意义。但凡事皆有度，如果太沉迷于"完美"本身，结果只会与完美背道而驰。因为工作需要出活儿，甚至很多时候需要看到立竿见影的效果。过分追求完美，是取得成功的拦路虎，而且沉溺于"完美"本身，会让我们在不知不觉中忘记自己真正的需求到底是什么。

很早以前看过一个小故事，说一个人去河边钓鱼想晚上饱餐一顿，可是每钓上来一条鱼他都会拿尺子量一量，然后把鱼又放回河里。旁边另一个钓鱼的人看到后非常不解就去问他，你钓的鱼都不错啊，又大又好，干吗要放回河里？那人说，因为我要找一条刚好能和我家烧鱼的锅尺寸匹配的鱼啊。

吃鱼才是他的目的，可一不小心这个目标就被锅的尺寸喧宾夺主了。

更何况即便你真的绞尽脑汁想出一个完美的方案，也不代表这个方案最终就能有一个完美的结局。因为"想"只是第一步，你还需要让涉及其中的每个人都能完全理解方案、并能准确无误的执行方案中的每一步。

任何老板都希望员工完美交差，但任何理智的老板知道"完美"太遥远，先有一份实实在在的东西摆在面前——哪怕它只有 60 分——也比远在天边、不知何时到手的 100 分要有用。一份接近完美的工作永远是"想"+"做"的结合体，就像美食书写得再诱人，当你不把它变成盘中餐时，也不过是望梅止渴。

知行若不能合一，终究还是无知、无效。

职场中，到底什么值得我们思考？

大到公司文化、企业价值观，小到人际关系、团队协作，甚至是第二天到底穿什么衣服合适、E-mail 群发时收件人的排序……可以说在职场上需要考虑的事情太多、太杂。

那么你可以尝试以两个立场去思考：

雇主立场——身为员工我们有责任为公司创造价值，而且一定要尽可能的大。

即，我如何完成自己的工作目标？

自我立场——站在自己的立场时，需要思考的问题比较多，毕竟我们做一份工作既要能保证帮雇主获利，还要能确保让自己获益，而这个"益"不仅仅只是钱。现代管理学之父彼得·德鲁克提到的几点关于自我管理方面的内容很值得我们去思考：

- "我的长处是什么？"和"我的工作方式是怎样的？"

对这两个问题的思考其实是在帮我们解决如何让工作效率、效益最大化的问题，同时也能让我们有更明晰的自我认识，可以在职场角色转换、职业平台变化时能耗时最少的走上正轨。

- "我属于何处？"

在清楚自己的长处和工作方式的基础上明确"我属于何处"其实是在帮自己筛选出那些不适合的工作、甚至是排除诱惑，这能够减少我们走弯路的概率。

- "我如何学习？"

可以说这个答案决定了在漫长的职业生涯中，我们的后劲有多足、究竟能走多远、站多高。

如果下一次升职加薪还没有你的份，不妨想想（这个思考很有必要）是不是自己想偏了、做少了。

2. 不会谈"薪"的员工

有些时候，想要涨薪需要和老板好好谈谈。

不谈加薪，并不意味着你是个好员工，这只能说明你对自己的价值认识有偏差。老板开公司的目的是赚钱不是搞慈善，没有责任为你年年涨工资。涨薪除了靠 KPI、靠老板的良心，还有很重要的一点：靠自己争取。

职场人都希望升职加薪，但却是"爱在心里口难开"。如果要求被拒，可能被老板贴上标签，破坏原本的和睦关系，升迁也无望；更糟的是，最后被迫跳槽至一家自己其实并不想去的公司，形成一种自断退路的无奈。

我们在和上级谈加薪时可以有自己的沟通方式和风格，但这 9 个错误是一定不能犯的。

错误 1：当公司预算紧缩时找老板谈"薪"。

在公司预算紧缩时要求加薪，一定不是明智之举。不过，如果能提出相关资料证明自己的薪水（不论是在公司或业界都是偏低的情况下），还是可以向老板提出来的。一些案例显示即使公司在预算紧的情况下，公司会裁撤一些职位，以便把预算挪出来为优秀员工升职、加薪。

错误 2：当老板工作压力大去谈"薪"。

在老板工作压力大时提加薪，只会让他觉得头痛。最好是在老板压力小、心情好时，与他约个时间讨论一下"薪"事，这样他比较不会觉得你是在加重他的工作负荷，而这可是为你成功争取加薪的好的开始。

错误 3：无法用超出预期的工作表现来说话。

向老板展现出你在业界里的行情薪水高于公司付给你的薪水，你要选定要求加薪的好时机，才能让老板意识到你的工作表现拔尖，值得为你加薪。如果你并未尽力工作或工作表现未超出预期，值得三思。

错误 4：沟通过程中充满抱怨和牢骚。

要求加薪时，别向老板抱怨说上次加薪已是多久前的事了，或抱怨自己的工作太多等。想要要求加薪，就千万别让老板觉得这是你个人的事，而是要让老板看到真实的情况，所以你应该向老板提出具体的工作成果，拿多少薪水才是合理的。

错误 5：用私人生活作为加薪的理由。

如果你想要求加薪的动机是因为，你即将多一个小孩了，或你想要存买房的头期款，或你的旅费不够等，那就算了吧，这些理由在老板看来只会是"和我有什么关系？"

错误 6：潜意识里和老板对抗。

即使你不满意自己的薪水，也千万别在老板面前表现出愤恨之情，从语言到肢体语言都要注意。比如别双手交叉反问老板，这种姿态会让人觉得充满敌意。切记千万别威胁说若不加薪就走人，没人喜欢被威胁。

在与老板谈加薪时，说明自己的表现值得提高薪水，以及未来你要如何持续地协助公司达成目标。或许你可以提议公司给你高一点的头衔，使你在客户面前更有影响力，进而协助公司完成目标；抑或你同意多承担一些工作，以便老板未来有理由为你升职、加薪。

错误 7：直接说出期望的薪水。

不要先说出你理想的薪水数字，说出来的结果多半是只能获得较少的加薪。当谈到具体数字时，最好是回答说你想看看公司能给你多少。若老板继续问，你就给个高于你实际想要的数字，但也不要高得离谱。

错误8：拿其他公司的聘书当筹码。

即使你真的受到了其他公司的聘用，但不意味着这就是你薪水谈判的"王牌"，如果你的主管是吃软不吃硬、容易感受到威胁的人，就不要用这种方法。这类人通常会觉得被冒犯了，并且质疑你的忠诚度，不想再与你共事等。因此，除非你真的不介意离开公司，否则就别用这一招。

但如果你与老板的关系不错，其他公司的聘书就是你展现自己在业界的价值的非常有效的方式了，那无疑是在告诉老板，"我就是有这个价值"。

错误9：加薪不成就撕破脸。

如果没有成功取得加薪，也不要有愤恨之情，在职场里的成功有一半是因为你把工作做好了，另一半则是看你的人际关系，但千万别破坏了与雇主的关系。

如果这次真的加薪不成，试着了解你须达到何种表现才能获得升职，取得具体的、可量化的目标，并询问是否能在半年内再谈加薪。届时你完成的每一项目标将能使你更有力的争取升职及加薪。

另一策略是问老板能否半年检视一次工作绩效，这样你有可能获得二次调幅不大的加薪，特别是当预算有限的情况下。

重点在于向老板争取加薪的整个过程中，要营造出这件事是正面的、双赢的，而非是公司或你个人的损失。不妨把话说得柔软但不失韧性，感谢对方为你加薪的同时也让对方知道你值得被这样对待。

除了避免犯上述错误，加薪能成功最重要的就是提前做好准备工作，如果此时的你已经决定要找老板谈涨工资时，不妨试着从下面这四个步骤入手：

（1）**步骤一：收集信息**

首先，了解公司政策。

浏览员工手册和公司内部网，和人资部门的同事交流一下更好。以下是你应该了解的情况：

● 公司是否根据员工的年绩效来定工资？

● 是否有既定的加薪安排，还是根据层级来加薪？

● 谁可以批准加薪？

其次，客观地评价自身价值。

人们往往会高估自己，尤其是自己特别努力的情况下，但是要做出客观的评价，必须和同行业的人相比较。很多公司都有这种不成文的规定：超出原来20% 的工作量才加薪。在衡量自己的价值时可以考虑以下四方面：

● 工作要求：公司或部门基本的工作要求你是否有遵守；

● 你的职责，包括管理和领导职责：目标是否有实现；

● 从业时间和资历；

● 你的层级：从公司组织架构上来看，你上升的空间有多大。

第三，收集市场上相似职位的数据。

可能你最初和公司商谈工资时考虑过这些，但是现在你的职位和职责有了变化，参照数据也相应变化。了解一下你所处行业的平均工资。收集数据能让你在和老板商谈时更有底气。虽然这些数据对你有用，但不能作为和老板商谈时的核心论点。这些数据主要是让你了解自己的价值，从而增加自信。

（2）步骤二：全面考虑。

全面考虑是指要呈现数据和事实去告诉老板为什么你值得加薪？

首先，可以准备自己工作成就的列表。

最好使用准确的绩效衡量方式，比如质量提高程度，客户满意度，尤其是利润增加的程度。这个列表能让你清楚自身价值，把它变得可视化，成为要求加薪的客观依据。

其次，回顾你的工作历史。

尤其注意你参加过的项目，帮助解决过的问题，以及你给公司带来的公司进步和利润。不仅仅要做好本职工作，而且要做超出职务范围的工作，并且要对公司有实质性帮助。可以从以下这些问题去思考：

● 你是否帮助完成过一个困难的项目并且产生了积极的结果？

● 你是不是为了按时完成而加班？是不是一直这么努力？

● 工作中你是不是很主动？以什么方式？

● 你是不是能够额外完成工作？如何完成的？

● 你是不是给公司节省了时间或金钱？

● 你是不是为项目、目标、团队提升了效率？

● 你是不是支持、指导或训练其他员工？

再次，考虑你对公司未来的价值。

要让老板明白你在公司的长远目标，能够展现出自己的潜力和价值，让老板明白你会让公司在未来持续收益。

让一个雇员开心总比重新聘用一个新员工简单，且更能节省时间和成本。不用直接说，而是间接地暗示你对公司的未来有价值，这会打动老板。

最后，确定想要什么水平的加薪。

不要贪心，要求得现实、合理。如果你不要求升职，那就从给公司带来的近期成果和效益来谈加薪。如果你计划开展一个高收益的项目或即将为公司签订一个合同，那么加薪的理由就更充分了。

当然你也可以要求增加除了工资以外的福利。也许你也想要其他东西，比如公司股份，房屋补贴或升职。要求配公车，或者一辆更好的车。如果可以的话，谈谈这些福利、职位等，或者改善管理职权和职务等。

做好妥协的准备。即使你没有给出一个不实际的数目，也要做好讨价还价的准备，因为老板不会一下子就同意加薪，所以提前想好能接受的最低限度很有必要。

（3）步骤三：时间、态度很重要。

一定要提前和老板约好时间。如果你随便走进去然后要求加薪，会让你看起来没有准备，也不配得到。一定要选一个不会被打扰的比较空闲的时间，比如早上对老板说，"今天下班前我想和您谈谈。"要记得，面对面比写邮件更容易得到加薪。

据统计，星期一不是个好选择，因为很忙。星期五也不好，因为老板可能有别的安排。

在态度方面，良好地展现自己。要自信（注意，不是自大、强势）、积极，有礼貌且清晰地表达你的想法。不要犹豫纠结，鼓起勇气提出来。和老板交谈时，如果是坐着，往前靠靠。这能增加自信。

先表达对工作的热爱，这更能获得老板的共鸣；然后再提出你的效益，告诉老板给你加薪的理由。这种方式老板会觉得更舒服。

在谈的过程中记得把加薪具体化，然后等待老板的回应。不要只说"我想要加薪"。应该告诉老板你要加百分之几的工资，比如10%。或者以年薪计算。总之要具体化，显示出你考虑得很周全。

最后，感谢老板为你腾出时间。不管结果怎么样，这都很重要。还可以写致谢卡，或者请老板吃午饭，跟进一封邮件。

（4）步骤四：预演如何应对拒绝。

如果老板同意加薪固然好，你只需要提醒老板履行承诺，尤其是在他很忙有可能忘记时。但如果老板不同意，该怎么收场呢？

首先，不要太在意。如果因为受到拒绝而改变了你的态度甚至影响工作，老板会觉得他的决定是正确的。如果大家都知道你不接受老板的决定，以后就更不可能加薪了。一旦老板决定了暂时不加薪，也要不失风度，不要举止粗暴。

其次，问老板是否需要改进什么。这展现了你对老板意见的尊重。可以共同商定慢慢增加职责，然后一段时间后加薪升职。这还能显示你对工作的热爱和努力。老板会看到你的努力，下一次加薪就会锁定你。如果你是优秀员工，要一直好好表现，几个月后再要求一次加薪。

再次，跟进一封邮件感谢老板。这在未来的谈判中会成为有利的书面凭证。老板也会觉得你很谦虚，懂得感恩。

最后，要坚持。老板了解了你想要加薪，也会担心你会不会跳槽。为下一次加薪商定一个时间。在此期间，都要出色完成工作。不要因为暂时被拒绝就一蹶不振。

拿完年终奖就辞职，很划算吗

开 篇 语

　　辞职这件事细想起来其实挺难的，难点首先在于时机。出于私心，我们通常喜欢在拿完年终奖后离职，但这么做真的划算么？其次在于做法。辞得不漂亮很可能之前努力工作累积下的口碑、人际关系和好印象都会毁于一旦。漂亮的辞职应该是买卖不在、情谊还在。

　　"拿完年终奖就辞职是不是太不厚道了？"这个问题"知乎"上有个高赞回答说得很精辟："当然不厚道了！我的做法是拿完年终奖蹭完春节假，用完本年调休，二月底再辞职也不迟。"

　　不由感叹，脑回路真是清晰又强大！当然，大部分职场人不会这么做，但对这个答案的高赞也充分说明我们更加理智、成熟了。

　　针对这个回答，有些人回复认为这种做法不厚道，对于这点，我也表示很理解。因为我工作第一年时就是这种人。

　　那时我还是职场小白一枚，带我的一位老员工打算离职，她说等一月底拿完年终奖就辞职。我当时的想法是："老板刚给你发完红包你就要走，这不过河拆桥么？你想过给公司造成的经济损失么？"

　　试问大家，如果现在的你也如那时我这般想法，请不要放弃"治疗"自己。

"治疗"的第一步就是先要了解清楚年终奖是怎么来的？

1. 年终奖其实是一种满足延迟

年终奖就是你给公司每个月创造了 100 元的价值，公司拿出 50～60 元作为每月工资发给你，然后每月扣下 10～20 元，统一在年底发给你，这么做的用意在心理学上被称为满足延迟，即"一种甘愿为更有价值的长远结果而放弃即时满足的抉择取向，以及在等待期中展示的自我控制能力。它是个体完成各种任务、协调人际关系、成功适应社会的必要条件"。在管理学上，被称为绩效考核。

我们决定辞职归根结底理由只有一个：企业和我不匹配了，无论是薪水、发展、还是人际关系，一定是我们觉得不对等了才会想辞职。作为职场人，去寻找与自身匹敌的企业是非常正常的事。爱情里好的伴侣需要"棋逢对手""势均力敌"，优质的企业与雇主也一样。由于拿了年终奖就不好意思辞职从而硬留，这才是对自己和企业的不负责。

商业杂志《财富》曾做过一项调研：一个员工的离职成本究竟有多高？研究显示：

员工的离职成本大约是这位员工年工资的 150%；核心人才的流失，至少有 2 个月的新员工招聘期、3 个月的适应期，6 个月的融入期；此外，还有相当于 4 个月工资的招聘费用，超过 40% 的失败率；一个员工离职会引起大约 3 个员工产生离职的想法。

数据看上去很恐怖，但现实中总有应对办法。

大公司里的大部分员工属于螺丝钉性质，少了一个人并不会影响整台机器的运行；而小公司呢？老板们对于员工高离职率给公司带来的成本损失这件事会更在意，所以会在成本节省、薪资体系方面下更多工夫。

所以，身为职场人最忌讳的一点就是太拿自己当回事儿，大多数公司带有自转属性，离了谁都能照转不误。

2. 辞职不怕，怕的是你走得不够漂亮

其实，拿完年终奖就辞职这件事与行为本身没有任何关系，而是要做到如何既能把钱拿到了、还能走得漂亮？

一个漂亮的辞职少不了这 3 点：

第一，个人贡献透明化。

拿完钱后如果你打算离职，无论是写离职信还是和老板面谈，都别忘提一下自己曾经在公司做的贡献。虽然每次年终总结也会写，但老板真的很难记住员工的贡献。当然，说的时候不要太强势，我们的目的不是向老板夸自己，而是让他能对你留下一个更好的印象，觉得年终奖给的不算太亏本。

第二，绝对不要翻脸。

老死不相往来是事实，但人生何处不相逢也是事实。所以不要给自己的未来埋下隐患。

第三，断买卖、不断交情。

拜科技所赐，在现代社会维持交情这件事成本真的很低。逢年过节编辑一条稍微走心点的短信问候一下；老板生日、公司成立日时发个红包祝贺一下；或者朋友圈经常点点赞，这些可以让老板记住你的好，毕竟不管在什么地方工作，所经历的对我们来说都是成长，要保持一颗感恩之心。

与其讨好老板，不如亮出你的价值

作为职场人难免会遇到一个问题：如何向老板亮明你的价值？关于这个问题，我有三个建议。

如何向老板亮明自己的价值？我有三个建议：

第一，让老板知晓你的才华。

职场中追求升迁是理所应当的事，可很多职场人却闭口不谈或谦虚推让，内心明明渴望，"天将降大任"时又退避三舍。不是每一位老板都有时间去发现你的才华，在水平匹配、能力相当的情况下，能和老板开诚布公的人就有更大机会升迁。

工作不是谈恋爱，需要另一半的琢磨猜测。请永远给老板最直接的答案，无论是工作成果、方案提议、还是你的心思。

只是在开口前你需要想清楚两点：

● 是不是真的想承担这份职务？

更高的职位意味着更多的付出，如果你不是一个时间管理高手，并且也追求工作和生活的平衡，那劝你三思而行。不要只看到光鲜的头衔和上调的薪资，好好估量一下自己能为晋升付出哪些、牺牲多少。

● 为什么你能胜任这个职务？

优秀的老板喜欢有冲劲儿、有才华的员工，当你能在一片沉默中发出自己的声音、表明自己的想法让老板更了解你，这是一件好事。但别忘了，老板不会为你的煽情和激情埋单，即便你的陈述做得如此令人激动，也请提供翔实的事实和证据让对方相信这个职位非你莫属。

让老板知道你有哪些能力和经验与这个职位匹配，谈谈你在这个职位上想要实现的成果，以及对整个组织或公司又有什么利益可言。

让老板知道你的才华，更要让他知道你的才华能为公司带来的利益。

第二，提前进入领导者模式。

如果你现在还是普通员工但内心渴望成为一名领导者，与其做白日梦或坐等机会垂青，不如在当下的工作中就开始表现的像一位领导者。

当然不是让你指手画脚、发号施令，而是可以尝试多为别人提供自己的想法、逐渐能以自身影响他人、在老板需要集思广益时不要走形式的泛泛而谈，而是展示出你的深思熟虑让对方看到你的水平和诚意。

我在上一份工作担任团队领导时，同时录用了三位新人。对团队而言他们的起跑线都是一样的，需要从 0 开始了解业务、创造业绩，但其中一位新人在入职一周后就让所有同事和领导另眼相看。

在每周的团队例会中他主动记录会议内容，并用思维导图清晰展示出来分享给大家，不仅是很好的备案，也能让其他团队和老板对我们团队的工作内容和结果一目了然；在汇报工作时，无论多简单细琐的内容他都会用 PPT 展示而非口头陈述，并且尽可能在展示中数据化、模块化，简单有效。

见微知著，他展示出了一名领导者具备的大局观、善于处理问题和高效性。半年后，公司成立新部门，这位同事成为团队领导的不二人选。

不空谈、不自我标榜，而是在具体的工作情景中实实在在展现才能、散发影响力，并且不因微小而不去贡献，优秀的领导不会对闪光的金子熟视无睹。

第三，在老板需要之前做好。

先于老板一步想好、做好，在老板需要之前主动提出，这绝非简单的讨好，考验的更是一个人的情商、思维以及为上司分忧的能力。

我的前同事 Linda 在这方面就做得极其妥帖。老板见客户前，她一定准备好所有的资料并用最简易有效的方法让老板快速熟悉；老板需要她汇报项目，她一定做两个版本的材料，一份给老板自己看，一份方便老板修改展示给公司或合作单位看。"先老板之忧而忧"是她的工作准则之一。

其实，好的下属要做老板的一件旧衣服，要贴合身体，让老板熟悉、舒服以至于他觉得和自己融为了一体，但这件衣服又实实在在提供着遮羞、御寒、保暖的功能。

这才是有前途的员工。

"不想上班"这种病，生个孩子就治好了

十一长假后，办公室其他同事面部表情都很凝重，只有 Lin 哼着小曲儿、雀跃着迈进办公室。同事不解，假期结束了还这么开心？ Lin 咧嘴一笑说，终于不用在家带孩子了，能不开心么。

还有我的发小，半夜发微信给我"真想回去上班啊！以前加班至少不是每天都加，但加完班后倒头睡下去至少能一觉到天亮。现在呢，带孩子 3 个月，一天 24 小时待工，半夜起来两次喂奶，3 个月了，没有睡过多于 3 小时的长觉。快让我去上班吧！"后面是一堆哭脸的表情。

生孩子这件事，不仅能治愈文艺女青年，对"不想上班"这种病效果也出奇的好。

1. 上班累的是心，养孩子累的是身心

我们之所以不想上班，理由无非有这么几个：干的活儿不喜欢、活多钱少、太累、有不喜欢的同事、客户太难搞。这些问题在带孩子面前统统不是事儿。

干的活不喜欢，至少你还可以偷懒、磨洋工。多上几趟厕所、多喝几杯咖啡、在工作邮件和自己喜欢的网页之间来回切换、每一小时从工位上起来伸展一下腰和膀子，你会发现时间熬得不算慢。再不济，你还可以使出辞职这个大招。

可有孩子之后呢，怎么偷懒？向谁辞职？孩子饿了，你说偷懒不喂了，那就会有连续不断的哭声闹你；盛怒之下，你连"不干了"三个字都没法说。

工作时还觉得自己干的活多、拿的钱少，而有孩子之后，现金是只出不进，而你干的活绝对要比上班多多了，喂奶、换尿布、哄睡、陪玩、读绘本……还达到了工作多元化发展的要求。

如果是全职妈妈，绝对堪称劳模。有研究机构统计过，作为全职妈妈不仅需要厨艺、家务、家庭采购、照看婴儿、早教育儿等十八般武艺精通，更需要极大的忍耐力、体力、精力和耐心，而且这种状态要维持全天、没有周末节假日。粗略计算，一位把孩子喂养、保健、智力启蒙、家务都安排地井井有条的全职妈妈，她付出的价值可以达到月薪 17 000 元。

还有，说到累，很多职场人确实很累，通勤挤地铁、公交，上下班来回三小时，加班赶项目、熬夜做 PPT，每一盏 CBD 写字楼晚间亮起的灯都能作证。但有孩子之后，这种累真的不算什么。

英国最负盛名的床家具制造商 Silentnight Beds 曾做过一项调研：他们访问了一千多名新生儿父母，孩子小于 2 岁的父母中，有 12% 的父母表示他们每晚不被打扰的睡眠时间仅为 2 个半小时，严重缺觉。

大多数成年人，每 24 个小时，需要至少 5 个小时不被打扰的睡眠才能让身体"正常运作"，而一些人则需要 8 个小时才能充分补充体力。但是，64% 的新父母却每天只能睡 3 个小时或 3 个半小时。这意味着，从孩子出生到 2 岁之间的时间内，大多数父母失去了长达 6 个月的睡眠时间。

所以这种累只能自己忍受。

至于看不顺眼同事，大不了就少看两眼，况且大家都是成年人，要学会自己调节。可当对象换成是孩子时，你需要时时刻刻面对 TA，无论 TA 哭、笑、吃喝拉撒，无论你心情多不爽，都不能离岗。

最后还有让职场人头疼的客户，客户不管有多难搞都比不过自己的孩子，这点当父母的心里是最有数的。

客户再难搞，可以依靠团队一起努力拿下，而且总有新客户等待你去发掘。但孩子呢，多难搞都只能靠自己。

2. 生的不是孩子，是碎钞机

有孩子之后特想上班除了上述原因外，还有一个非常重要的原因是钱实在太不经花。小到食品安全、大到学区房都在提高养孩子成本。

我朋友没孩子前，上插画班、拳击班，5000 元半年的豪华 VIP 健身卡说办就办，口红买起来都是不同品牌每个色系各来一只。现在呢，健身卡的钱匀给了婴儿推车，口红钱用来给孩子买衣服和玩具。双十一"剁手"屯的都是尿布和奶粉，每天上打折网必刷的就是母婴版，生怕错过了好折扣。

朋友说，她现在恨不得一天工作 48 小时、见 10 个客户，就为了能多拿点奖金和提成。而这些钱根本还轮不到改善生活质量、提升自我，能养活家里的孩子就已经不错了。

《理财周刊》在 2013 年按照当年的市场行情做了一个测算，撇开将来的物价和教育费用上涨因素，在中国养育一个孩子至其大学毕业，至少需要花费50 至 130 万元人民币，如果还要海外留学至少要再加 100 万，这在北上广深这样的城市算是"最低标准"。时至今日，这个费用有可能会更加高。

养孩子贵的不仅是国内，美国、英国等发到国家也费用不菲。

所以，别再轻易抱怨上班，珍惜当下，把工作做到极致，发挥出我们应有的价值。

我们为什么越来越能够接受加班这件事

开 篇 语

对于加班这件事小呆已经驾轻就熟了，他不排斥加班，但他讨厌"伪加班"，就是明明可以按时下班收工回家，大家却都赖在办公室不走，装作一副很忙碌的样子表现给领导看。怎么办？是和大家一起加班，还是不管大家，下班直接走？

晚上9点，在办公室接到小叔打来的电话，关心我的近况。当他得知我还在公司加班并且没有加班费时，我听到电话那头传来了他不屑的一声"切！""真不明白，你们这群年轻人为什么偏爱往北上广这样的大城市跑？有什么好的？环境差、房子贵、工作不好找，好不容易找到了，还天天加班，钱也没见赚多少。"小叔这样对我说。

加班这件事，在他看来就是你出钱我出力，而对我们这代人来说，加班的意义远远不只是金钱而已。

加班最直接的理由是为了多赚点儿钱，可即便没有加班费，越来越多的年轻人也能接受加班这件事。我的诸多朋友，无论是在知名外企、咨询公司、事业单位，还是创业公司，加班就像大自然一样自然。下班一小时内还没离开单位都不能算做加班了，晚上九点离开公司你才好意思和别人说"刚加完班"。

为什么我们变得"乐意"加班了？

1. 意识形态的转变

过去，能够平衡工作和生活的人受人尊重；现在，"忙到没有性生活"的工作状态备受推崇。证明人生成功的标准越来越趋于单一，那些只有在工作中（而非生活上）取得成就的人才有资格受大家膜拜。

时代发展到我们这一代，工作还有赚钱之外的附加意义，比如个人发展、终身事业、价值寄托等。过去的普遍看法是，工作不重要，生活逍遥自在才重要；而现在的看法是，如果你逍遥自在的生活是低质量的，比如物质基础不牢靠、人生目标不清晰，还不如先把精力投入到工作中去积累财富（不一定是直接通过钱，职位晋升、人际关系累积、能力发展都算）。如果只有健康的身体，但生活缺少目标和成就感，这样的人生过一辈子也未必见得美好。

2. 寻求高级身份认同

竞争激烈不进则退、工作太多干不完，这些当然都是加班的原因。但更深层的原因是在潜意识里，我们倾向于用加班这种方式来告诉大家"我很重要"。

因为无论在成功学书籍里，还是现实的教育中，工作狂、热爱加班这些事看上去更像是精英和成功人士的必备技能，所以耳濡目染，我们开始倾向于把人生重心放在工作上，以此来彰显自己的责任感、专业性和能力水平。

而且这种现象正在全世界蔓延。前两天和 Bruce 教授聊天时他说，"现在的美国，精英阶层靠极其密集的日程安排来突显自己的社会地位"。

抱着这样的意识，人们不得不"热衷"于加班。

3. "加班"不是"应不应该"，而是"会不会"的问题

即便现在的职场提倡加班，但我们都知道加班其实不是件好事，它能反映很多问题：

从能力角度考虑，加班也许意味着需要你检查一下自己的工作计划是否合理？是否擅长时间管理？是否懂得放权？是否能区分工作优先级？

从资源角度考虑，加班可能意味着你在浪费时间和能量，因为有很多研究已经证明延长工时并不能保证工作结果的优秀。

从个人角度考虑，加班一定是以牺牲健康为代价的，对身体、情绪、思维和精神都有弊端。比如，经常加班会导致员工工作积极性下降、精力无法集中、离职率高居不下以及为健康支付的医疗费用激增。

所以，"会"加班就显得非常重要。

"会"加班首先意味着你的加班必须"事出有因"，不要为了加班而加班，尤其要杜绝"作秀型""交往型"加班。

如果企业文化奉行加班，甚至是没事也要耗在岗位上表现给领导看的"作秀型"加班，员工的士气和对企业的信任都会遭受严重打击。试想一个整天想着如何表现、又总是抱怨无事加班的员工如何能把精力投入真正的价值创造中去呢？而公司也不得不接受员工无法完全投入工作的事实，不断聘用和培训新人来填补离职员工（有能力和野心的员工是不会在这种氛围的企业里长待的）的空缺。

"交往型"加班也是如此。不是该下班的时候还待在办公室工作才叫加班，那些下班后上司拉你去喝酒、周末要陪客户打球、逛街也因为与你的工作利益产生关联而被定义为加班。这些吃吃喝喝、玩玩乐乐看上去挺愉快，但处在"伴君如伴虎"的状态下，而且连仅剩的一点儿私人生活也被贡献出去，势必会让

自己身心俱疲。

所以，对加班最好的态度应该是：如果需要不必委屈，如果能免不必硬来。

"会"加班的关键是区分出哪些工作是有必要的、哪些工作是可以"偷懒"的。

（哈佛商业评论）里提到过一项研究：脑力劳动者在不必要的任务上耗费的大量时间平均费时 41%，这些任务几乎不能带来个人成就感，而且换作他人也能完全胜任。

我们都有一种与生俱来的本能，放不下这些让我们因为感觉忙碌而产生了成就感的工作。

所以最好的办法就是避免陷入这类不必要的任务，以此提高自己的生产效率，避免把时间耗费在没有意义的工作上。

也许下面三个问题能帮你区分必要和不必要的工作：

● 这项工作对团队、企业能产生真正的价值吗？——时刻以结果而非兴趣、讨喜程度为导向。

● 这项任务能否通过"外包"或以合作的形式完成？——你在这项工作中是不是不可或缺的。

● 如果重新选择我还会接手吗？——职场上的自我价值观。

不过，就算现在的员工迫于竞争和压力能够以更加兢兢业业和无私的态度对待加班这件事，也不意味着企业就该无下限地盘剥职员。就像知乎上有人问："如何让下属把加班当成一种习惯？"点赞最高的回答是："*当上司把加工资当成一种习惯的时候。*"

提　问

你所在的企业有伪加班现象么？你是如何应对的？其实成熟的职场人还是应该以工作结果为导向，当我们把活儿干得漂亮了，领导也就不能埋怨什么了。不过"慢工出细活"，好像优秀的结果都离不开付出额外的工作时间呢。

真"工作狂"都会享受工作的乐趣

有的人在工作中很忙，于是被贴上了"工作狂"这个标签。当我们说一个人是"工作狂"时，背后所表达的意思有可能是指这个人事业成功、地位较高、有才华、在职场中的自我价值突出。但种种研究都证明"工作狂"确实是"有害体质"。

比如，挪威卑尔根大学近期发布的一项大型研究表明，工作狂们更容易与强迫症、焦虑症和抑郁症这些精神病产生关联。也许工作狂们确实意识到了一丁点儿危害，所以工作狂互戒会（Workaholics Anonymous）这个有趣又有点诡异（听过互助戒酒、戒毒、戒性爱瘾的，第一次听说戒工作上瘾的）的机构就诞生了。它们制定了 12 步法则帮助工作狂们像戒酒那样去戒除沉迷于工作这件事。去年 6 月这个组织还在英国举行了首届国际大会，吸引了来自世界各地的与会者出席。

工作狂们每天的工作时间都很长，但每天工作时间很长并不代表就是工作狂（有可能是工作 8 小时、加班 3 小时，其中 2 小时在刷朋友圈、浏览网页或玩王者荣耀）。北卡罗来纳州精神治疗师布莱恩·罗宾逊在《拴在办公桌上》这本书里说，"工作狂是一种强烈的冲动——它令人们难以摆脱工作的意愿和想法……工作狂不是根据工作时间来定义的，而是要考虑内心的想法。比如，工作狂在滑雪时想着回去工作，而健康的人则是在工作时想着去滑雪。"

所以工作时间长并不能表明你是个工作狂，它也有可能说明：

（1）你工作效率比较低。3 小时能完成的工作被你搞了一天才完成，至于是智商欠费、能力不足、还是经验不够，抑或自诩为完美主义者而影响了效率，这些都不重要。

（2）或者你和很多人一样，更愿意通过假装忙碌来凸显自己的不可或缺。比如，我有位前同事，经常在朋友圈里刷自己又见了某投资人、见了某司一把手、一起吃了饭、开了一天会……总之，能从早上9点直播到晚上11点，一天至少能刷七八条，以此来表示自己很忙很拼，可真正的工作狂哪有时间刷朋友圈啊。

（3）除此之外，还有一种伪工作狂是让工作成为逃避某件事的借口。诸如遇到失恋、遭遇背叛、和父母闹情绪这些生活中的糟心事，有人通过买买买来解忧，有人通过做PPT来缓解。工作有时也是一剂灵丹妙药，吃了它那些烦心事至少可以被暂时遗忘，并且还能通过工作成就提升自我认可。

那么，究竟什么样的人才算真正的工作狂？

挪威卑尔根大学针对25个产业、调查了12135名员工、配合各类型成瘾症诊断标准，研发出了"卑尔根工作成瘾量表（Bergen Work Addiction Scale）"，以此鉴别一个人是否是工作狂。

卑尔根工作成瘾量表根据7个问题设置了5类选项，内容如下：

① 你会思考如何抽出时间来工作；

② 你在工作上所花时间，比原先预期多；

③ 你工作是为减低罪恶感、无助和忧郁；

④ 别人曾劝你减少工作量，却置之不理；

⑤ 假使不让你工作，你会感觉压力；

⑥ 你为了工作，将休闲和运动放一边；

⑦ 你的工作量大到对身体造成负面影响。

5 类选项是：从不（1 分）、很少（2 分）、偶尔（3 分）、经常（4 分）、总是（5 分）

若上述 7 题中，超过 4 题得分为 4 分或 5 分，即可算是工作狂。

其实哪些人是真的工作狂、哪些人只是假装忙还是挺明显的。

那些真正的工作狂们其实很少说自己是工作狂、算自己每天工作了多久、加班到几点，在工作中他们绝对是全身心投入。他们会错过吃午餐的时间，频频打断说不到重点的工作汇报，走路带风，也意识不到自己是最后一个离开公司的人。至于工作时间之外，这对他们应该是不存在的吧，即使有，那也是为数不多的睡眠时间，梦里有时还在开会。

零点研究咨询集团董事长袁岳曾写过一篇博客，里面描述了他对工作狂的定义，有四个基本特点：

第一，把 8 小时以外的另外 4 个小时以上的时间用在考虑与处理工作；

第二，娱乐的很大一部分是工作的延伸与变化，比如员工旅游、招待客户与工作伙伴的便餐、陪客户唱歌；

第三，追求工作中持续的成就感；

第四，更愿意与注重工作成就感的同事和朋友交往，也更欣赏工作上有进取心的同事。

这四个特点看上去愉快和享受的成分居多，而真正的工作狂们确实是享受工作，包括它的过程和结果，而非像 "正常" 人一样只是去完成工作。

第 5 章

那些职场资深人士教我的事

结交 100 个牛人，不如学会他们身上这 4 个特质

开 篇 语

小呆对牛人有种不可救药的崇拜，是笃信权威的忠实拥趸。他觉得只有身在牛人中、和大牛们有交集，才能让自己也晋升为一名牛人。果真如此么？牛人对我们普通人的意义究竟是什么？

之前有一篇文章在朋友圈转载量很高，主旨是说即使你身边有很多牛人，即使你朋友很牛，那也与你无关，因为牛的人不是你自己。但事实是，如果你有机会认识牛人，我想大多数人都不会拒绝和他们成为朋友。倒不是一定要从他们身上"捞"取利益、赚取名声，而是牛人本身就是一碗行走的鸡汤、一面能够让你审视自己的镜子。我们可以把他们当成一个巨大的素材库去观察、分析、思考，从中解读些许，然后加以学习和吸收，这才是我们结交他们的真正价值。

牛人分两类：那些在自己的领域做出贡献、收获功名的人，是名副其实的牛人。除此之外，在每个人身边其实都存在着"平凡的牛人"——他们也许默默无闻或者只在某个小圈子里为人们津津乐道、没有达到世俗定义的成功标准，但他们一定有某些特质、品性让我们深受鼓舞、拜服、向往。

对大多数人而言，前一类牛人存在于书本上，看他们的自传、成功故事就像刷他们的朋友圈，是添加过彼此好友但从未打招呼的"朋友"；另一类"平

凡的牛人"就生活在我们身边，大家彼此认识，可能还是关系不错的朋友、同事。两类牛人也许地位悬殊，但观察久了，会发现两者身上有一些共性是非常启发和吸引人的。

1. 牛人不追求工作和生活的平衡

有多少人被"真正成功的人是那些能够很好地去平衡工作和生活的人""忙死的都是笨死的"这样一些概念给忽悠了？有多少人拼命学习时间管理去提高效率，期待能够过上工作生活两不误的人生？让我告诉你一句残忍的实话：*没有一位成功人士是不以付出自己的生活为代价的。*

你想要一场说走就走的旅行，就得面对丢失一次让事业有巨大发展的关键时刻的可能；

你想要朝九晚五、周末泡吧看电影，就得做好损失某位高质量客户的准备；

你想要老婆孩子热炕头一样不落，就得接受成为"泯然众人矣"中的一员。

在这个世界，没有某两样事物能够真正达到完美的平衡，"顾此失彼、非此即彼"才是牛人们的常态。而且付出代价的不仅仅是牛人本尊，他们的家人也要有此觉悟和准备。

如果你觉得这个例子太遥远，不妨说说我身边的例子。

在码字人这个圈子里，但凡有点名气、能够月入六位数的，不是带着颈椎牵引器每天伏案工作 16 小时以上，就是经常在本职工作之余双休跨两三个城市去讲课、分享、做活动。大家经常在群里半真半假地感叹：真是忙到没有性生活啊。

还有我之前跟过的那些靠谱的领导，工作时间自动调整成朝 9 晚 12、双休节假日以及在国外休假时依然火力全开、由于要接听客户电话所以从没看过一场完整电影这样的事情数不胜数。拼，并且用尽全力不留余地地拼才是流淌在牛人身上的血液。

伦敦大学学院商业心理学教授托马斯·查幕洛—普瑞慕兹克写过一篇关于工作和生活平衡的文章，文中提到"工作与生活，要融合，不要平衡"。因为牛人们明白，"尽管你足够聪明，或者足以胜任某项工作，但仍然只有辛勤工作才会让你脱颖而出。工作狂有更高的社会地位，每种社会中都倾向于如此"。"应付工作而没有追求事业的人才会担心工作与生活之间的平衡，因为他们没能享受工作。如果你有幸去追求自己的事业，而不只是应付工作，那么你就应该欣然接受工作与生活之间的不平衡。事业提供了更高层次的目标方向感，而工作只是提供一份收入。工作承担着你做的事情；而事业却承载着你热爱的东西。"

所以，每一个用尽全力拼搏的牛人背后其实拼的都是热情。

2. 牛人通常会遵守规则，但更擅长打破规则

"遵守规则"是对身处的行业、领域那些日积月累积淀下来的原则的一种尊重。比如，所有创业成功的企业一定是先等自己的拳头产品占有相当的市场份额后，才会继续深入或另辟蹊径开发新产品。一上来就不聚拢而是分散精力和资源去弄一堆五花八门产品的企业很难存活下去。所以，高度聚焦是创业这个领域的一项规则。

写到这里我脑海中第一个冒出来的是雷军，因为并不认同他在遵守规则又打破规则这方面做得确实可圈可点。

在小米手机之前，中国所有的手机都是在线下以实体店的形式销售的，雷总开创了另一种方式——在互联网而非实体店上销售。当其他手机厂商还在为房租、导购付费时，雷总的这项负担几乎为 0，互联网这个虚拟的世界不需要他支付这些。这也是为什么小米手机能做到在低价的同时还获利颇多的原因。

再比如，提到做家务你能想到什么？一位主妇在家做饭、带孩子、做清洁……总之都是做一些我们认为不是"大事儿"的事情。然而，在做家务这件"小事儿"上，大部分人默默无闻按部就班做了一辈子，有人却能做到与政界、商界一起登上美国《时代》周刊，成为"世界最有影响力 100 人"之一。这个人就是近藤麻理惠。

一个靠做家务、为他人提供收纳和整理建议的主妇为什么能获此殊荣？因为我们的整理就是循规蹈矩把东西叠好放进柜子，而近藤的整理精髓是"停止犹豫和愧疚，放弃不适合，只留下让自己怦然心动的物品，通过这个过程清楚什么对自己才是最重要的"。这哪里只是家务、整理，分明就是一种生活智慧和处世哲学。

只会遵守规则的人要么不温不火、要么早晚成为温水里的青蛙；只有那些守规矩但又"不走寻常路"的人最终才能出类拔萃、独占鳌头。

3. 牛人通常更能够延长 focus 的能力

心流（Flow）这个词是心理学家米哈里·齐克森提出的，是指一种将个人精神力完全投注在某种活动上的感觉。

身为普通人，我们通常会因为年龄增长、周遭干扰、不规律的习性等各种因素降低自己心流的频率、效果，也就是说我们聚精会神的能力会越来越弱。回想一下我们学生时代看一本书、学一门技能和工作后做这两件事，哪个阶段效果更好？*而牛人的心流"寿命"通常会比我们长久，这意味着他们通过思考创造价值的生命周期会比我们长久。*

他们是如何做到的？无外乎两点：*高度自律和调整方式。*

观察一下我周围的那些牛人，无论是之前颇有好口碑的领导、还是现在我接触的那些以高智商著称的教授、学者，他们在工作和生活的方方面面都是极其自律的。就拿吃饭这件日常事来说，Zack 教授午饭的时间是下午两点、他通常只吃一盒蔬菜沙拉、一小盒水果、最多再配一两片全麦面包，吃饭的同时一定是雷打不动地翻几页稿纸。我问他吃得饱吗？他说不能吃饱，否则会干扰大脑从而影响下午的实验；我问他干吗不安心吃饭非要看东西？他说为了不让刚才的思考断篇儿，而且吃饭用的是嘴，大脑闲着也是闲着，所幸还是用起来的好。这样的习惯他坚持了十年。

说起高度自律，我还想到了 C 罗。今年 31 岁的他依旧在足球界维持着 Top2 的地位，不能不说与他高度自律的生活和训练习惯有关。据说，他的体脂率比国际男模还要低 3%。

不仅如此，随着年龄的增长，C 罗的进攻手段从过去的边路突破转变为现在的禁区内抢点，拿球时间变短，以此防止受伤，好让自己维持更长的职业寿命。对于运动员来说，在巅峰时期抓住的时间越长，持续心流的时间也就越长。

牛人，通常是最坚持也最灵活的人。他们难忘初心、死磕目标，看上去像个偏执狂，但决不会一条道儿走到黑，他们的过人之处在于认准了罗马，然后选最优的那条大道走下去。

4. 牛人对"优秀"总怀有饥饿感

我们常说"一瓶不响，半瓶晃荡"，越优秀的人越谦虚。

当我们赞美这些卓越者身上的优秀品质和羡慕他们的成绩时，他们的谦虚都很真诚，这种谦虚绝非矫揉造作、故意推辞，因为他们对自己的要求更高，并不觉得现有的这个高度有多么值得炫耀。

我有一个朋友在世界 500 强任职，工作三年就成为十人团队的领导，年薪30 万，而且业绩始终在公司保持 Top2。不仅如此，她的家境和长相也相当不错，即自带女主角光环的那类人。可即便有如此好的工作平台和生活质量，她的不满足感远大于成就感。不走假期环球旅行、寻找诗和远方这样的路数，而是充电、进修，丝毫不愿松懈。

我和她聊天时说，你已经如此优秀，值得很多人羡慕了，为什么还对自己不满意。她说："那是因为我们对'优秀'的标准不一样，在我的工作和生活环境中，优秀的人太多了，我是属于被碾压的那一个。比如，我的老板工作和生活非常融洽和谐，业绩数一数二、有儿有女，工作这么忙还能兼顾全家旅行并出版了两本书，和他相比我几乎什么都没有。除了努力再努力我还能怎么办？"

因为参照标准不同，所以每个人对自己的要求自然也不同。

不把自己当人物看、不因为周遭的赞美或贬低而内心激起波澜，而是用心中那颗笃定的内核不断走得更远、爬得更高。我想，这就是牛人的修炼术吧。

每一位优秀者身上都有太多养料可以被我们汲取，不要把身边和书本上的牛人们只当作谈资和炫耀的资本，而是从他们身上看到前方、看到高处、看到未来一个更优秀的自己。

提　问

● 对照文章中提到的四项牛人的优秀品格，你做到了多少？

● 总结出自己身边佩服和敬仰的人身上都有哪些优秀的品质可供自己学习。

工作与生活的平衡，都是内心的权衡

开篇语

职场女性在结婚、有了孩子后难免会面临一个棘手的问题：工作和生活（家庭）你要顾哪头？而社会一直对我们期待的，所谓要平衡工作和生活其实是职场女性面对的最大谎言之一。

你也许读过 Facebook COO 雪莉·桑德伯格的《向前一步》这本风靡全球的女性职场读物。三年前，我第一次读到这本书时，里面很多观点让人颇为激动："不求完美，只求完整""你不能过度迷恋那些不重要的事"，里面的每一句话似乎都能拿来作为女性生活和职场的圣经。其中，这本书最为人津津乐道的一个观念就是，雪莉在面对"事业和家庭该如何平衡"这个世纪难题时提出了一个解决方案：女性完全可以拥有事业和家庭，"当女性需要在工作上发愤图强时，男性就需要在家里发挥更大的作用。"

无独有偶，前洛杉矶副市长、全球顶尖人力资源公司海德思哲负责人陈瑜也在《30 岁前别结婚》这本书里传达过类似观念。她 38 岁时和老公大卫相识、结婚，"为了本书的写作，我暂停了猎头的工作，大卫于是一力支撑起了全家的生活。"

作为女性，我们努力赚钱、用心生活，从某种程度上来说无非是想摆脱男人和社会对自己"女性身份"的影响与束缚。讽刺的是，如果想要取得工作和家庭平衡，我们还是得"依靠"男人。这不禁让人怀疑，真的存在"平衡"这回事么？

1. "女性，要追求工作和家庭的平衡"其实是个伪命题

在追求工作和家庭平衡这件事上是不该有性别之分的。

很多时候我们喜欢给这件事打上女性专属的印章，甚至身为女性我们自己都非常热衷于去讨论这个问题。在我们努力追求男女平等，把"工作和生活平衡"冠名以"女性"，无形中是给自己挖了个"歧视"的大坑，好像无法平衡工作和生活是女性才有的问题。

而事实是，在工作和生活失衡方面男性更是略胜一筹。根据数据显示，"190个国家的政府首脑中，只有 9 个是女性；在全球所有议会成员里，只有 13% 是女性；在大型公司里，最高管理层女性人数最多不过 15% 或 16%"，这意味着更多男性把更多时间花费在了工作中，他们留下更多的家务、孩子的功课、周末和节假日"丧偶式"的休闲方式给自己的另一半。

皮尤研究中心表明："在双职工家庭中，工作的女性有 90% 对其生活感到满意，但在相同条件下的男性感到不满的数量却是女性的两倍。"目前也有很多数据显示"男人比以前为孩子和家庭付出了更多的时间，在工作上也更加努力，甚至比女性在家中谈起工作和生活的压力还要多。"

2. 真的存在"平衡"吗

如果你追求的"平衡"是能够按时上下班，既不耽误结婚纪念日和孩子的家长会、又不错过公司的每一个重要项目和决策，工资和升迁每年都不落下，工作时能高效专注 8 小时、下班后能把工作邮件和老板、同事的微信完全从生活里剔除，我想这样完美的平衡是没有的。

可口可乐前 CEO 布莱恩·戴森曾在佐治亚理工学院毕业典礼上说过："生活是一场比赛，你必须同时丢接五个球，这五个球分别是工作、家庭、健康、朋友以及精神生活，而你不能让任何一个球落地。"可见，在现实中，我们要平衡的事情绝非只有工作和生活这两项。

"平衡"之所以难，是因为在我们每个人的主观意识里都存在优先级，无论它是否合理。就像有人看重健康，所以宁愿选择一份轻松的工作，好把时间空出来去定期健身、调节身心；同样，拿生命去搏事业辉煌的人也不在少数。在我身边，每一位有孩子的妈妈几乎都把孩子的事情排在了第一位，她们心甘情愿为孩子牺牲睡眠时间、丢掉自己多年锻炼的习惯只为能在周末陪孩子去摘草莓。

人生真的很难做到兼顾且双优。

3. 不负如来不负卿，世间哪有"双全法"

可追求平衡是人类的爱好之一，看到天平处在同一水平线我们的内心才会有成就感。

就这样，长此以往，生活和工作失衡的矛盾转变成了"工作需要更加投入和努力"以及是否应该"重新进行职业选择"这些问题，我们还是没有找到如何把生活和职业照顾周全这个难题的答案。

作为职场女性，我想解决这个问题的第一步就是要放弃追求平衡。

无论你是选择成为工作狂还是贤妻良母，做出选择后坚定走下去才是关键。世上没有那么多"既要……也要……""如果……就好了"这样的美好愿景。重要的不是平衡，而是你无悔的选择。你可以摆出假动作，但拗不过内心的优先级。

其次，如果你尚且单身，把精力投入到工作中是一笔划算的"买卖"。这样你才能在有朝一日面对因为家庭原因而要选择减轻甚至放弃职场投入时做出更理性的判断：用工作成就换取家庭幸福到底值不值得？以及，即便曾为了婚姻和家庭牺牲折损了自己的职业价值，但因为曾经在职场拼尽全力过，所以还有重回战场的资本。

哈佛 MBA 毕业的领导教会我的领导力

开 篇 语

　　小呆的领导是个工作狂，凌晨两点还会给团队发邮件安排工作，敬业到几乎没有私人生活。小呆觉得在这样的领导手下当差会被"压榨"得很惨，可另一方面，他内心深处也暗自敬佩自己的领导。不过，他看过一些职场方面的书，里面都提到好的领导应该是能平衡工作和生活的，那自己的这位领导算是好领导吗？

　　作为一名曾在世界五百强外企工作过、也在创业公司担任过团队领导的职场人来说，我见过最接地气、凡事都愿意亲力亲为的工作狂领导，也见过在国外不同行业工作了十几年、带着一身理想主义回国创业的领导。

　　好的领导力一定离不开快、准、狠、变这四个字，这是我曾经的上司 M（毕业于哈佛 MBA）教会我的。

1. 快，即效率高，是领导力的基本功

　　如果你领导一个部门或团队，就意味着你会成为一块夹板——往上，你要对更大的领导负责；往下，你得照顾好自己的下属。承担承上启下作用的你需要和不同的工作对象打交道，没有一个高效的工作能力，就算一天给你 48 小时，当天的必做事项你永远也无法清空。而 M 在这方面让我见识到了何谓极致地

利用时间。

她身为公司的经理，在我成为团队领导后，每周会约我吃一顿午间工作餐，在吃饭的同时了解我所带领的团队情况、遇到的困难以及需要帮助的地方。一顿饭 30 ~ 40 分钟结束，既填饱了肚子，也了解了团队情况，而且对于我这位当时新上任的管理者还增进了彼此的了解，可谓一举三得。坦白讲，开始我很不适应，一方面因为自己享用午餐的时间被占用不开心；另一方面，也觉得这样汇报工作的形式未免也太不正式。

可是，后来我发现这种形式其实非常有益。第一，它不仅节省了你上司的时间，同时也节省了自己的时间，不必耗费过多精力去书面详细总结团队情况，口头沟通大多数时候是最省成本的沟通方式；第二，这种方式无形中也提高了我的沟通能力，强迫我用最短的时间条理清晰地去描述自己的工作情况。

2. 准，不仅精确把握客户心理，也能精确把握下属心理

如果从对内对外这个角度来划分，身为中层领导你将面对客户和自己公司员工这两类群体。只有对这两类群体的心理都能准确把握，你才能既为公司赚钱又防止内部人员流失，从而为公司节省人力成本。

我曾经旁听过 M 与客户的谈判，也终于明白为何她的谈判成功率总是特别高。就拿我们二人比较来说，我在和客户谈判的时候，总是会有种矮一截的心理，毕竟他们是甲方、是衣食父母，习惯了小心翼翼的伺候。而 M 谈判时却是以更平等的态度甚至舍我其谁的态度在和对方沟通。因为对产品和实力的自信，她不会去谈为什么我们值得你选择，而是直接跳跃一层，告诉对方如果你选我们将会给你带来超越你预期的结果。作为甲方，需要说服，但更需要的是利益最大化，如果能把握住这个心理，谈判将事半功倍。

而在对待内部员工方面，她更擅长观察每个人的特点，各个击破。

　　M 刚上任时，大家因为公司连年业绩下滑士气低迷，内部更是相互抱怨成风。M 上任一个月后，恰逢端午节，她偷偷让行政给大家准备了精致的礼物。端午节发礼物，这在公司是从未有过的先例。更让人感动的是，她花了整个周末的时间，给公司三十多位员工每人手书信件一封，非常真诚地指出了我们每个人各自的优点和潜力，以及她的期许。我不知道别人看完是什么感觉，对于我这种习惯了用 E-mail 快速、冰冷沟通的职场人来说，收到这样一封充满诚意又用心良苦的信件，当时就对公司的好感度飙升啊，觉得能和这样有人情味的领导共事很幸运。

3. 狠，不仅对下属狠，更能对自己狠

　　这辈子我都不会忘记自己写的第一份团队招聘启事。

　　当时刚刚晋升为团队领导的我需要扩充团队，所以 M 就让我尝试拟一份招聘启事。我当时也没多想什么，就从网上找了一些模板拼拼凑凑交差了事。没想到不到两分钟就被打回并告知即便是招聘启事也要符合公司和团队的风格，让我仔细钻研。我硬着头皮又改了两版交上去，都是被无情地驳回。这次不谈风格了，只回复了一句话"你认为这就是你的最高水平吗？"看到领导此等回复，我无言以对，只能继续琢磨。

　　为了写好那份招聘启事，我翻了谷歌和苹果的招聘启事，琢磨了他们的用词和排版；因为怕英文用法不地道又被驳回，还特意请教了在美国待了多年的朋友帮忙查看确认。一张 A4 纸长度的招聘启事，我从晚上八点折腾到凌晨两点，觉得真是倾尽所能了，然后抱着忐忑的心情发邮件给 M。那天晚上，我做梦都是化身成 HR 和同事们开会讨论招聘启事的事儿。第二天到公司，M 看了我文案的前三行就激动地跑过来说"鸡皮疙瘩都起来了，这个感觉总算对了"，后来这份招聘启事就成为公司招人的经典模板。所以有时候，领导不下手狠一点儿，你都不知道原来自己还有这样的才华。

　　当时，一天谈五到六个客户是我工作量的极限，谈完后基本人已经累瘫到无

法再做其他事情，而 M 很轻松就刷新了这个记录。她可以一天接待八到十个客户，每天保持这个量持续一个月。这不算完，下班后还能头脑清楚地继续处理其他工作事项。类似于这样的例子太多太多：在方案截止日期前夕彻夜通宵修改客户材料；刚上任为了尽快熟悉一线情况，在一天内拜访 N 位客户，并且在当晚完成好几千字的会谈总结发全公司以知晓最新一线动态，等等。

好的领导不会只辛苦下属，而是会对自己更狠，所以下属也无怨无悔。

4. 变，无论工作环境、内容和职位怎么变，都能迅速适应、融入

过去我一直觉得，从哈佛商学院这么高端的地方毕业的学生必须也要在高大上的地方端着才符合身份。然而，M 完全打破了我这个狭隘的观念。

某次，周末上班，行政休息。为了第一时间接到客户打进公司的电话，她坐在前台忙自己事情的同时兼任前台接听电话；为了第一时间改善大家的工作环境，她亲力亲为和行政一起用一下午的时间给公司换新地毯、组装新转椅；而当公司新的中心创办时，她又可以化身设计师和装修队，与同事一起迅速完成内部装修。她从过去的知名企业跳到创业公司，几乎是 0 耗时完成了转变，迅速投入工作中。所谓的过渡期、适应期几乎不存在。

我曾经发过一条朋友圈，说"所谓的专业就是专人干专事"，而 M 在底下留言说："这样的时代早过去了，即便你是科研人员也不能只有好的科研水平，更需要好的沟通能力和团队协作去找资金、完成项目。现代社会，想要成为职场精英，你要学会自如地切换身份去完成各种任务。"

这段话让我至今受益匪浅。

在 M 手下工作的这些年里，我对于如何做好员工和团队领导有了更深的感触。想要成为优秀的领导，必须具备以下三个特点：

● 你需要非常强大的内心去面对人和目标。

首先，你既能管理好同事或下属、又能够知道如何让他们与你很好的合作、完成目标。职场是一个不需要眼泪却需要态度的地方，如果你的工作需要你收起笑脸、板着面孔才能完成得更好，那你的内心必须强硬，反之亦然。

其次，对于目标的完成你要非常笃定，有时甚至需要有明知不可为却要为之的精神。目标，是老板和下属之间不可调和的事物——前者总觉得还不够高，而后者却总是认为难以达到。身为中层领导，带领你的团队去拼力一搏远好于找上层谈条件、求妥协。很多时候，中层领导这个岗位就是为了逆流而上、挑战记录而设立的，所以你要有强大的内心接受目标、稀释下属的抱怨。

● 你需要成为能扛事儿的多面手。

如果你不是在体制内或世界 500 强这种一个萝卜一个坑儿的地方工作，那你就需要成为我前面所说的那样，成为这个时代的斜杠青年、处理多任务的能手。身为精英员工和中层领导，需要你上能懂得管理、下能了解一线，可以领导团队实现目标、可以有单打独斗的能力收拾下属扔给你的烂摊子，既可纵观全局、又能对细节了然于心。

总之，能扛事儿是标配。

● 你需要把职业化排在热情前面。

某次一起吃饭，M 告诉我她最喜欢和擅长的工作其实是投资。十点上班，她能提前两小时到公司开始做准备工作：阅读国内外经济新闻、查看各国经济指标和数据、临开工前调整好自己的身体和精神状态；十点一到就像战争的枪声打响一样，奋不顾身地冲向前线。可既然现在选择了这份与投资毫无关系的工作，她也得逼着自己用同样的态度去对待每一项工作。

工作不像读书，在大学你可以根据自己的兴趣或得分容易去选择选修课。但职场这个地方就在于你可以有个性但不能有情绪，工作和目标都是客观的，好的员工懂得用职业化的态度去处理所有工作，而不是估算自己有多少热情后才肯开工。如果在职场中能碰到你热爱又擅长的工作那是幸运，如果不能那你只能收起主观与感性，全力以赴去完成它。

其实对每一位职场人来说，在职场打拼的难度不亚于唐僧西天取经。你需要有同伴与你一起群策群力，更需要有一份发自内心对所追求事业的坚定和坚韧。愿正在拼搏的你终有一日能在自己职场的这片天地取得真经、修成正果。

总　结

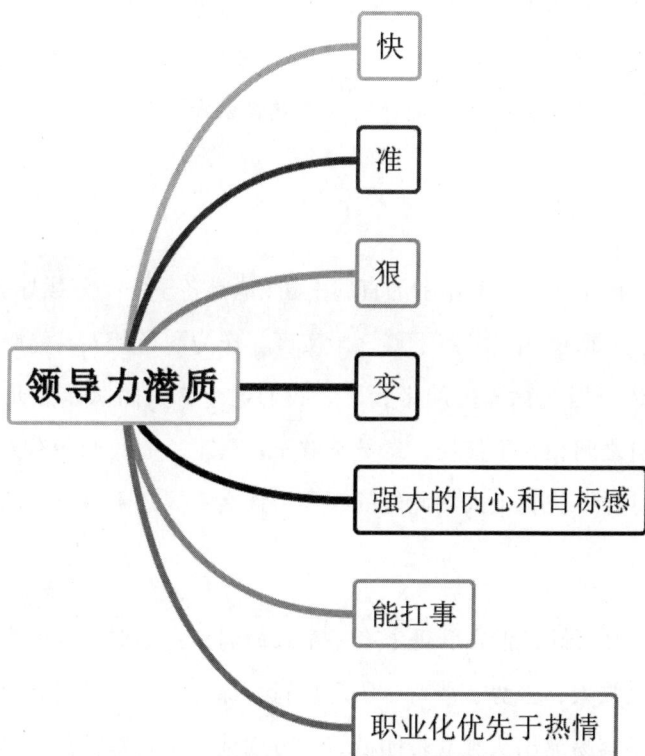

想要有大好前途，先得学会管理你的老板

开 篇 语

　　小呆工作有段时间了，可他每次面对上司时都很害怕，总是前唯唯诺诺，要么沉默以对、要么唯命是从。小呆不喜欢这样的自己，可他又不知道究竟用一种什么态度去面对上司才能让彼此都觉得舒服。

　　徐先生是我在第一份工作中的直属上司，他具备了一个好领导的很多条件：勤奋、兼听、不摆谱儿、关照下属、干实事。作为职场新人，能跟这样的上司共事实属幸运。但在徐先生的带领下，我们这个 7 人团队差点儿在第二年崩溃。团队成员之间相互不信任、老员工欺压新员工、而我们所有人都对徐先生怨气满满。这样一位看上去如此好的领导为什么下属还不满意、队伍还是濒临坍塌呢？

　　徐先生千好万好，但在管理上有一个致命弱点：懦弱。他的直属上司是一位霸气型的女强人，强势、严苛、雷厉风行，徐先生未晋升前在她手下吃了不少苦头。好不容易熬出头独立带团队，一方面前任上司对他产生的阴影太大，他发誓绝不让自己成为女上司那样的领导，所以管理之道极力向反方向走；另一方面，受女上司多年打压，他既厌恶冲突又习惯了服从，所以徐先生在管理中总是一再妥协、逃避。

　　无论多出色的企业、多富有人格魅力的领导，他都不是完人。过去的经历、

性格缺陷总会影响他的领导方式和结果。每位领导都有自己的毛病，比如自大、躁狂、言行粗暴、事必躬亲……这不仅会严重危害自己的事业，更会阻碍团队和成员的发展。

我们团队最终没有崩溃、并且还在第二年获得"十大优秀团队"的主要原因，就是公司派给徐先生的副理是一个懂得向上管理的下属，他在帮助团队平衡冲突、实现稳步运营方面起到了积极作用。

向上管理除了能帮助你的领导控制由自己的缺点给团队和成员带来的损失，还有以下两点很重要的原因。

1. 向上管理是最有效的"下情上传"的方法

"管理自己的上司"看上去似乎越权了，这应该是领导的领导该干的事儿，实则不然。虽然更高层的领导的确有责任去管理自己的下属，但这种管理还是向下管理，更高层的领导只能传授自己以往的经验给他的下属，这些经验缺乏现实立足点，无法做到"下情上传"，在管理上始终存在盲点。

懂得管理自己的上司，其实就是在帮他看清盲点，能够让他 360 度全方位无死角地去洞悉整个团队和所有成员。

现代管理学之父彼得·德鲁克说过，下属的工作不是改造老板、再教育老板，或让老板依循商学院和管理书籍谈论的模范老板准则。你不必喜欢或者崇拜你的老板，你也不必恨他。但你得管理他，好让他为组织成果、成效，以及你个人的成功提供资源。

2. 向上管理是为自己职业生涯获取利益的一条捷径

懂得向上管理也是为自己在职场上的升迁、获利打开一条捷径。

向上管理当然不是让你对上司指手画脚、发号施令，而是可以尝试多提供自己的想法、逐渐能以自身影响他人，让领导逐渐领略到你的水平和诚意。

我是一个不太擅长做记录和展示的人，在上一份工作担任团队领导期间，我们团队录用了一位新人。他很快发现了我的这项弱点，于是就在每周的团队例会中主动记录会议内容，并用思维导图清晰展示出来分享给大家，不仅仅是很好的备案，也能让其他团队和老板对我们团队的工作内容和结果一目了然；在汇报工作时，无论多简单细琐的内容他都会用 PPT 展示而非口头陈述，并且尽可能在展示中数据化、模块化，简单有效。

半年后，公司成立新部门，鉴于这位同事展示出了一名领导者所需的观察力、善于处理问题的能力，他成了新部门领导的不二人选。

管理应该是一种互惠行为，你在替领导分忧解难时，也是在为自己铺路。如果你是有野心的员工希望未来也能进入管理层，不妨将管理自己的领导看作你管理生涯里的一次试水。

究竟什么是好的向上管理？在我看来，就是*既能做到不越权、不抢功，又能实实在在帮领导把事儿办好、不埋没自己的价值*。要做到这些，需要满足以下三条。

3. 懂得和老板谈条件

追求升迁或更高的薪资待遇是理所应当的事，可很多职场人却闭口不谈或谦虚推让，内心明明渴望，"天将降大任"时又退避三舍，丧失了大好机会。所以，开诚布公在职场上反而是一步好棋。既能积极为自己争取利益，又能帮你的上司避免揣测节约管理成本。

和领导谈条件时有两个要点需要注意：

- 态度。既然能"谈"，说明你们彼此筹码相当，并不存在地位上的强与弱。除非你所提供的是领导不需要的，否则不必用"求"的姿态去面对谈判。当然，鉴于对方是你的上司，起码的尊重还是要有的。如果你手上的筹码高于领导，也请一定收敛起骄傲的态度。因为在大家开诚布公前，你永远不知道他手里有什么牌。

- 证据。当你提出自己的要求时别忘了提供翔实的证据，而不是空有满腔热血和激情。要让领导知道你有哪些能力和经验能与这个职位匹配，或者值得给你涨薪，或者让你成为承担重大项目的负责人；要谈谈你在这个职位上想要实现的成果，以及对整个组织或公司又有什么利益可言。

如果谈判的方向脱离了预期，比如领导对你另有打算，此时不妨请求他给你一些考虑的时间，仔细估算一下利弊，再给出答复。谈判是一个充满博弈的过程，讨价还价在所难免，你需要做的就是明确和衡量。

明确，即确保谈判的结果无论是哪条路最终没有偏离自己原定的目标，比如通过带团队学习管理知识、获得内部唯一的进修机会。衡量，是指在也许实现目标的形式和方法未必拘泥于你当初所预想的那样，但要能够评估出使得自己利益最大化的那条路是哪一条，或者自己能够接受的底线是什么。

4. 懂得给领导留出发挥的空间

最优秀的下属不是 100 分下属，而是 98 分下属，他们会把任何工作完成到 98 分，来让领导去补足那 2 分。

在第一时间告诉你的上司自己面临的困难、需要寻求的帮助、希望获得的资源、想要得到的建议，这既是在帮助自己解决困难，也是在让领导直接感受到他的作用。

我的前上司在这方面就做得特别到位。我们团队要在新区域拓展新项目，在给老板过目的计划书里，她会告诉老板如果能在这个区域内提供哪些专业人士和渠道的帮助将会给项目带来多少倍效益的提升。她不是泛泛而谈，而是会注明人员和渠道究竟带来哪些具体帮助、估算出具体的收益数字，让老板看到自己提供的帮助价值有多大。

聪明的领导看得懂你留给他的空间，时机到时自会投桃报李。

5. 让上司意识到你是他的"自己人"

这是最高级的向上管理术，这意味着你获得了领导莫大的信赖。在日后的工作中，无论你有什么想法、计划、需求，都可以凭借这份信赖让直属领导成为你最优质的渠道去帮你实现。

可是作为下属我们都会有对上司不满、看不惯的时候，带有这种情绪时如何"靠近"上司呢？

不妨把领导当成你的客户去对待，扮演好自己"乙方"的角色，尽力满足"客户"的要求。这种"错位"能让我们摆脱情绪的影响以更专业的态度去对待上司。或者可以尝试用透过"改变观点"的方式去看待领导，将上司的缺点转化为优点去看待。比如，一位拘泥于细节的领导，换个角度看他也可能是一位做事小心谨慎、不让自己轻易陷入风险的领导。

不过在成为"自己人"的过程中，最难的部分不是控制自己的情绪，而是如何获得上司的高度信赖，做一名能够主动、定期向领导汇报的下属。

主动、定期报告最关键的核心是内容和时机。

- 在内容上一定要汇报与你工作最相关的内容，汇报顺序是工作结果、工作方法、下一步的计划。别忘了在这个过程中请教上司的看法和建议。

- 在时机上一定要选择上司在心理和现实中都比较充裕、健康的时候。很明显，当他公务缠身或刚挨完上司的批评时就不是汇报的绝佳时机。最好还是能在一开始的时候就和领导把汇报时间定下来，你只需要多做一步：提前半天提醒、询问对方这个时间是否合适。

　　主动、定期报告的好处在于领导不会"盯"着你。如果养成这种习惯，领导就会产生这样一种印象"这个下属如果有事他会向我主动报告"，在这样的基础上，上司会更放心把重要的事情交给你，然后把更多注意力转移到那些他"不熟悉的""摸不透"的下属身上。

第6章

进入工作疲惫期，如何走出瓶颈

大多数人工作的努力程度，还没到谈合不合适的地步

开 篇 语

　　收到一则很长的读者留言，和我倾诉换工作的苦恼。大意就是：他在一家公司干了四年，目前是这家公司唯一的老员工。他自己知道在这家公司待下去成长的意义不大，因为比他新来的员工工作大半年后都能胜任他现在的工作，所以转而开始去做一些设计性更强的事情；而他因为职责所在和一些客观原因，只能在自己这片一亩三分地上劳作，成为全公司加班最多、成长空间最小的职员。

　　可就是这样一份看上去应该说走就走的工作，却让他在辞职时非常犹豫。因为：①他没有足够的自信面对新工作；②他目前住的房子是公司付钱，距离上班地点很近，吃饭、生活都很方便，如果换工作，则意味着自己要负担开支不小的房费，而且从此上下班可能需要耗费大把时间在路上；③还有几天就到下半年了，这意味着如果坚持到年底，就可以领年终奖。职场人都知道跳槽的黄金时间是领完年终奖的第二天，这样自己才一点儿亏都不会吃。

　　留言的末尾，他加了一句："可是继续下去，自己真的很不开心。"

　　同样的例子，如果发生在五年前自己的身上，我肯定会毫不犹豫地走人。不为别的，单就干得不开心这一点难道还不够吗？可是，作为一名已经在职场摸爬滚打八年、换过两份工作、从世界 500 强的职场新人到创业公司的团队领

导，现在的我肯定再也不能像五年前那样简单粗暴地看待这个问题了。

原因也很简单，因为在职场这些年我明白了两件事儿：①世上没有一份工作是为谁 100% 量身定做的；②职场存在的目的不是让你来寻求开心的。

在我们开始对自己与工作的适合度有所怀疑、产生跳槽的念头时，我们需要先搞清楚几个问题。

1. 你是真的不适合还是觉得不适合

这个最简单也最主要的问题反而常常被我们忽略，尤其是刚入职不久的职场新人，以及已经工作三五年开始产生职业审美疲劳的职场人。

"真得不适合"判断的标准并不复杂，就是你的能力确实无法胜任这份工作。

我在做团队领导时，HR 曾经帮我们团队招过一位新人。HR 对她的评价是：专业背景很符合，而且对这份工作非常向往；虽然作为一名刚毕业的研究生相关经历不多，但因为认可公司理念，所以教起来不会太费劲。

看上去似乎没什么问题，谁都曾是新人，只要肯干、又和公司三观不抵触，很快就能带出来了。我只能说，那时的我作为一名新人管理者，想法真是太过天真，她的确什么都合适，但能力却是硬伤。

和她同一批进来的新人，半个月能上手的工作她用一个月还是做不好；别人需要用一小时搞定的事情，她需要用一上午；就连打陌生电访这样的事情，在手把手教她、帮她拟好草稿、陪她打过 N 次后，在真正操作时还是会有各种问题出现。

她的确很努力、很用心、很想要留下来，但最终我不得不在三个月转正述职时辞退她。

还有一种不适合是"觉得不适合"。通常，团队氛围不好、和领导脾气不合、离家太远、目标制定的太离谱……这些都能成为我们不适合的理由。但也许，这些"不适合"的背后只有一个真相：你没有尽全力去适应、去融入、去实现。你是否真的思考过为什么他能成为领导？他为什么要用这种风格去带领团队？这么做的优点在哪里？你是否真的了解过一个目标是如何被制定出来的？背后是否有数据和事实依托？过去又是否被实现过？

如果这些更深一层的问题你都没想过，就断定自己"不适合"，很明显，你是在为自己的不努力找理由。

所以，当我们质疑自己与工作的适合度时，最先要告诉自己的是：放下一切借口，去思考这个"不适合"究竟是真还是假。

2. 职场上的哈姆雷特问题：换？还是不换？

有人说，如果我已经确定自己真的不适合这份工作，难道还不该换吗？

我的看法是：无论你是真的、还是觉得自己不适合，想换工作，当然尊重你的自由意志和选择，但请不要在自己最狼狈、最失败的时候主动离职。因为当下那个挫败的自己会一直打压着本该自信的你，从而影响你在下一份工作中的表现。

我的好友 GU 在大学毕业后进了中国移动。和很多应届毕业生一样，她并不知道自己为什么要选择这份工作，只是海投时随大流一起投名企，而在面临移动和埃森哲的录取通知时家里人觉得前者是国企，待遇不错，最关键的是稳当，所以她就去了中国移动。

可是，到岗没几个月她就知道自己完全不适合这份工作：第一，看到办公室里的老阿姨和老阿伯，想到自己会和他们一样几十年不变地待在一个地方她就胆战心惊；第二，自己完全无法融入办公室氛围——同事讲个段子一屋子的人都能找到笑点，只有她绷着脸不知道大家为什么笑；第三，在岗位上学习了两个月，虽然有师傅带，但她师傅一个月和她说的话不超过十句，两个月下来她学到的东西非常有限。

虽然知道自己不适合这份工作，但 GU 也不敢马上辞职，谁能保证自己下一份工作就能找得比移动更好呢？而且刚入职几个月就离职，这在简历上绝对是一个有口难言的败笔啊。于是她就浑浑噩噩地干着，提前开启了"混职场"的模式，最堕落时直接打着见客户的名义和同学跑去打羽毛球。

有一天她在上班时，偶尔瞥见玻璃中无所事事的自己——面无表情、眼神黯淡，才进入职场几个月却完全没有拼搏的干劲反而是一副破罐子破摔的样子，突然就对自己产生一种强烈的厌恶感。她主要负责翻译、沟通以及项目的跟进，一年后这个项目完工时她获得了公司的销售精英奖励。

在面对不适合的工作时，我们首先会怕——就像给我留言的那位读者一样，担心自己找不到更好的工作；然后在我们没有想清楚或者下定决心时会躲避、会拖延以及顺理成章的破罐破摔。无论你什么时候下决心、选择是去是留其实都不会晚，关键是要踏出那一步。只是，*我希望你转身离开时的背影是挺拔的、步伐是坚定的、斗志是昂扬的，这样你才能用一个更好的姿态去迎接新的开始。*

3. 怀疑、犹豫时不妨问自己这两个问题

话说回来，就算我们真能分辨清楚一份工作是否真的适合自己、就算我们下决心要离开，最终未必就能如愿离开。*对未来不确定性的恐惧、对适应新环境要付出的心血、对突破自己舒适圈所要承受的痛苦，这些都会让我们再三犹豫。*毕竟不是每个人在关键时刻都能用理智去做决定的。如果你正面临此种境况，不妨问自己以下两个问题：

第一，你是否还能为团队、公司解决问题、创造价值？

公司不是慈善或扶贫机构，身为员工的你首要责任就是为公司排忧解难、有所贡献。如果你的工作状态已经无法为公司创收、获取价值，那么请你自动请辞、尽快离开。即便你是在那种体制内工作，也请成为"体内社精"（体制内社会主义精英）。

第二，你是否明白自己为什么做这份工作？

除去最基本的有份薪水糊口外，你想通过这份工作成为什么样的人？你想在这份工作中取得什么样的成绩？你希望为这个团队或部门带来什么贡献……有太多超越薪水之上的问题值得我们去思考一份工作的价值。这样，你才能在职场中走得长、走得远、走得深。

身处现代社会，工作几乎占据了我们大部分的生活，而工作的意义也远超出维持生计这么简单。在有所质疑、面对选择时，多想一两步，然后当变则变、当断则断，这才是身为职业人该有的态度。

总　结

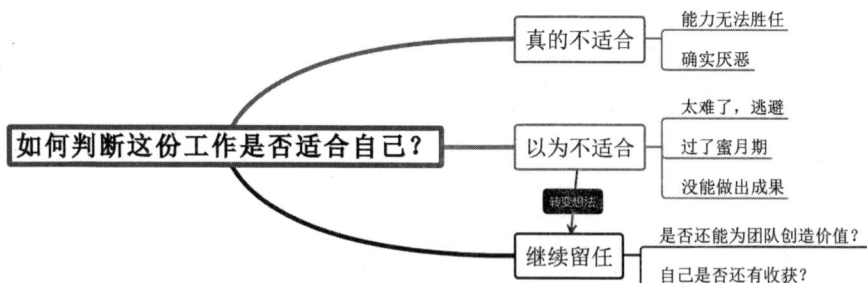

不要在工作中追求激情，它很脆弱，可能会让你一事无成

开 篇 语

　　乔布斯曾说过："需要有很大的激情才能完成你做的事。这是完全正确的，因为事情太过艰难，如果没有激情，任何一个理智的人都会放弃。"这碗鸡汤不知道忽悠了多少有志青年去追求理想，大学一毕业就加入红红火火的创业大军，做起了三年获得亿万融资、五年就去纽交所敲钟的美梦；或者一冲动就把辞职信丢在老板桌上，成为脱离生活的苟且、只要诗和远方的自由作家。

　　一年后，客户不买账、资金跟不上，公司黄了；写了十几篇文章投出去都如石沉大海，再也没心思对着 Word 上一闪一闪的光标，遂放弃。

　　乔布斯追随了自己的激情，缔造了苹果帝国。你也追随了自己的激情，却什么都没有，为什么？乔布斯自己一周能工作 80 ～ 90 小时、被称为神经高度紧张的工作狂、甚至在他去世前的 7 个月还带病出现在 iPad 2 的发布会现场，可谓鞠躬尽瘁。如果你的激情只是自己一时冲动、一拍脑袋、一腔热血，那你就大错特错了。

1. 为什么不要迷信激情这个传说

　　激情，通常指你有多想做成一件事或不顾一切让心中的目标实现。听上去很美好，可是它不靠谱的地方在于：

● 我们经常把真正有激情的事情和"觉得"有激情的事情混淆。

我们会因为自我认识的偏差而误以为自己对某些事有激情。比如，你喜欢数学王国的理性完美，同时又迷恋北岛诗歌带给你的世界；你想带着相机留住世上的美好，同时又对各种美食颇有心得。事实是，在这众多事情中，也许只有一样或个别几样是你的真爱，但你无法分辨到底哪些是你的一时兴起、哪些是你的始终不渝。

一个人的精力是有限的，当你在为自己的激情无限、涉猎颇多而骄傲时，在众多事物之间来回切换必然会让你疲惫不堪、收效甚微。

● 我们的激情会随着年龄、能力、阅历、外界影响的变化而随之转变。

还记得我上小学时，突然对口琴特别感兴趣，为此参加了专业的口琴学习班，每天放学主动放弃玩耍时间练习一两个小时。那时我的理想就是成为一名专业的口琴演奏家。后来我的练习时间越来越短，直到一年后彻底放弃。放弃的理由现在想来有点儿可笑，因为听别人说吹口琴的人嘴巴容易变得很大。后来，我又在不同的时间段迷恋过滑旱冰、游泳，并且每项运动都坚持了一两年以上的练习，甚至为了学滑旱冰还差点儿把尾骨摔断。但这些曾让我很燃烧激情的事物，总会在成长到某个阶段时火焰被熄灭。

你的激情被点燃时也许不需要理由，但种种因素总能让它们难以持久燃烧下去。

● 能让你有激情的事情有时候会因为你能力有限、错失机会而夭折。

有一次看黄渤的采访，他说在成为著名演员和票房保障之前，自己是一名没人知道的驻唱歌手，在不同的地方唱了七八年，就是希望有朝一日能以歌手身份出道、走红。然后，他演了一部小成本电影《疯狂的石头》，饰演男 N 号黑皮，让观众一下子记住了他，就红了。"想想那七八年唱歌的经历真是莫大的讽刺。"黄渤自己说。

唱歌不是他的真爱吗？如果不是怎么能寂寂无闻还坚持那么久呢？因为激情而功成名就的故事我们听过很多，但有心栽花花不开的故事我们听的也不少。

所以，激情绝对不是你成功的护身符。

2. 那些比激情更重要的东西

经历越多、心态越成熟就越会发现，做成一件事其实有太多因素远远重要过激情，这才是对待激情的理性态度。那些优先于激情的因素有以下几个：

● 清晰的自我认识

一名刚毕业的大学生投身于创业，那么就需要想想，你有多少资本可以投身？你要实现的目标明确吗？失败的代价是否能承受得起？这些问题是我们在拿激情下注前该多问自己几遍的。

● 真正的技能

这才是安身立命的根本。如果苟且能换得一项真正的技能，我丝毫不介意放弃诗和远方。因为当我用自己的技能有所产出、有所成就时，这本身就是我的诗和远方。

不管你擅长的是思考、沟通、演讲，或者是手绘……它们远比空有满腹激情重要得多。一项真正的技能可以帮你更好地辨别自己激情的真伪。因为：学习一项技能需要付出时间和精力，少不了坚持、刻意和惯性，如果连这种"刻意"和"惯性"都没有，那也再无必要上升到激情这个高度了。

另外，一项真正的技能能够帮你拓宽视野、选择自己的职业。

我有一个朋友，他一开始学习演讲技能纯粹是出于工作需要，因为他要在不同的高校通过演讲去宣传公司的产品。他不想像很多同事那样只是照本宣科、流利地把官方语言背出来。所以，他模仿 TED 上的精选演讲，阅读了许多教授演讲技巧的书籍，自费参加了演讲培训课学习。

两年后，他不仅是公司第一演讲达人，更重要的是，他演讲的视频被放到网上后，有不少公司、团体、网络课程机构找他传授演讲经验——有偿的。就这样，他的影响力得以扩大，也成了名副其实的斜杠青年。

普通白领、演讲师、职场作家，因为一项技能让他获得了额外的社会身份和更多的职业选择，这远比空谈激情更让人信服、踏实。

● 对结果的追求

生存压力、运气、对金钱的追求、对名誉的渴望、习惯使然，等等，这些都有可能让我们成功。因为做成了一件事情得到的回报往往也会让你对这件事愈加充满激情。

之前一位同事因为对公司待遇不满，负气离职，拉了一票同行和他一起创业。在这个行业深耕十多年，加上又有比较成熟的模式供他参考，所以创业的第一年他就抢走了老东家一半以上的生意。三年后等公司业务成熟、收益稳定，他又在另一个城市开了分公司。

他说，之前从未想过自己当老板，没啥野心，就是想找个靠谱的公司踏踏实实打一辈子工，谁知命运使然让他走上这条路。因为做出了结果，他现在对创业这件事越来越着迷，业务交给几位元老去打理，自己成天琢磨怎么能把创业玩得不要那么苦，让其更有成效、也更有意思。

即使你当初没有激情，但当你把一件事做出了结果、有了强烈的成就感，甚至能够对他人、社会产生一些贡献和影响时，这件事就会变成你的激情。

3. 比保持激情更重要的是延长激情

虽然这世上的确有一部分人靠着激情取得了巨大成就，但对大部分人来说，激情总是寿命很短。再向往的工作都会有审美疲劳的那一刻，并且自此之后就开始在一蹶不振的路上越走越远。

如果你没有一份让自己为之献身的工作，谈激情是奢侈的。所以，对我们大部分人来说，要做的不是奢望永葆激情，而是尽量去延长自己工作激情的寿命。

把让自己为之奋斗的目标拆分成一个个小单元，而非一开始就去追逐那个宏伟但同样容易让人望而却步的目标，这样起码可以减损自己激情的耗费。

延长激情的另一个方法是让自己尽量去平衡工作和生活。

依靠激情"沉陷"在工作中也许可以让你成为一个事业很成功的人，但如果没有自己的生活，多成功的人也会在某一时刻感受到巨大的孤独。类似于"为谁辛苦为谁劳""就这样过自己的一生究竟值不值得"，这样的疑问难免压不住地往外冒。一旦有了这些怀疑，你的激情难免会受影响。

所以，让自己换个频道、暂时跳离现状很有必要。这不是让你丢弃激情，反而，这是在给激情充电。

激情，也许是你成功的导火索，但只遵从它未必就能得到你想要的结果。相反，它还可能因为各种原因在一开始就被扼杀、中途熄灭或者一直哑火。要让激情成为你出师的旗帜，然后让努力、态度、技能以及对结果的渴望等诸多因素成为你走下去的燃料。

提　问

你一直坚持在做的一件事是什么？为什么能坚持下去？

给你 200 万，你是付首付，还是出国读书

开 篇 语

　　小呆的良师益友递交了辞职信要出国读书了。小呆很舍不得他，因为他实在是难得一遇的好良师益友，跟着他半年的工作收获顶得上别人工作一年的收获了。他告诉小呆，虽然现在工作待遇各方面都不错，但自己还是想多给自己做些智力投资和充电，等学成归来后能有一个更好的平台。小呆想，自己是不是也应该像良师益友一样工作三年后也去读个书呢？

　　和 D 在浦东机场告别，心里五味杂陈。一方面为她能去自己的梦想学校哈佛读书而感到由衷的开心；另一方面，看着她那大大小小一堆行李箱和背包，想象着飞机降落在纽约 JFK 机场后，她要独自一人在那个陌生的国家去面对未来所发生的一切就觉得好辛苦。身高只有 155cm、上个月刚过完 26 岁生日的她选择这条路是对的吗？

　　D 是我今年送走的第二位赴海外读书的朋友。之前还有 L，他是我的前同事，工作三年后申请到了美国洛杉矶分校的电子工程硕士项目。

　　不知道从什么时候起，身边越来越多的人选择用重返校园再深造这样一种方式赠送自己一个职业休眠，但这条路真的适合每一位职场人吗？

1. 选择，怕的不是风险而是盲目

　　所谓"盲目"其实就是并不真正清楚自己为什么要做回学生。

也许，你初涉职场不过一年半载，就自以为"看透"一切，所以做出了重返校园这个"明智"的决定，但其实你了解到的不过是这个行业的冰山一角。

也许，你只是受周围环境的影响，跟风、人云亦云地选择了这条路。比如很多在投行、咨询公司、国际知名企业占有一席之地的职场精英们，在工作满三五年后，大家就像约好了似的纷纷加入到申请 MBA 的队伍中来，哈佛商学院、沃顿商学院是他们的梦想学校。可不少人做出这个选择的理由是：这是他们圈子里流行的趋势，这一行人人都这么干。

当然，也有一些人选择这条路是出于逃避。

秋是东北财经大学会计专业毕业的学生，毕业后在德勤工作了一年，发现自己极其不能忍受四大艰巨的工作。因为当时报志愿时听从了家人的意见，觉得女生读会计稳妥，可是四年下来还是对这个专业没有一点儿好感。毕业时随大流找会计事务所的工作，运气好进了德勤，以为会是一次转机，没想到越做越觉得人生灰暗。

"我现在只想出国镀金，不管什么专业，只要是名校就好。反正任何行业都挺看重学校名气的。"这是秋找我咨询时的原话。

我理解秋的想法，但我不得不告诉她，如果只是因为讨厌之前的专业和工作就漫无目的随便捡个专业去读，她申请不到名校的。因为国外的名校更在乎你对专业的理解、为什么选择做这行以及未来的职业规划，而这些是秋无法回答的。即便撞大运申请到了，那也只是重复了一遍四年前的老路。

明白这个道理后，April 暂时放弃了申请的打算，根据自己的优势、性格和了解到的行业信息，跳槽到了一家咨询公司，尝试是否能产生新的转变。

2. 哪些情况适合重回校园

如果你刚好属于以下几种情况之一，也许可以考虑重新做一次学生。

● 你喜欢从事的行业，需要通过深造跳到更好的平台。

我的一位朋友在北邮计算机硕士毕业后，进了一家在国内小有名气的互联网公司做"码农"（程序员），第一年年薪税前 12 万。对于刚入门的程序员来说，国内的平均薪资是 10 万～ 14 万。朋友的同学在本科毕业后就去国外读书，硕士读完同样是做程序员，看上去年薪的数字差不多，但对方赚得是美金，简单粗暴换算下来相当于比他的收入高出 6 倍还多。

"同样是年薪十多万，为什么不去赚美金？攒点儿钱的同时也能积累海外工作经验，然后再回国就业，平台和待遇肯定优厚不少"。因为之前在读书时就做过两份相关实习，加之和圈子里不同人聊过，在深入了解了行业信息后，朋友工作了一年后选择去美国高校读电脑学科的硕士。一方面巩固专业知识，另一方面先适应一下环境、提升口语。一年后毕业，因为成绩不错加上之前在国内有相关工作经历，所以顺利拿到一家国际知名 IT 公司的录取通知，年薪 13 万多美元。

一年的薪资不仅赚回了学费，还盈余不少；同时又在平台更好的公司从事自己喜欢的职业，实现了成功。

● 你喜欢从事的行业，想要深钻该领域。

虽说实践出真知，但"实践"首先需要建立在一个合理、相关的理论平台上，否则实践就会成为乱来。所以，当你在工作几年后发现自己越来越喜欢所从事的行业，想要钻深、吃透时，重返校园也是不错的选择。

我的前同事，在教育行业工作了五年。其实一开始她并没有多热爱这行，只是歪打正着干上了这行，做完头两年也没觉得受不了，所以就一直干了下去。

没想到工作越久、接触这行越深，对其中的一些问题就越感兴趣。做到第五年时，她发现自己对教育领域中成人教育和领导力的问题颇有研究。公司对这些问题能提供的帮助非常有限，所以她动了去国外读书深造的念头。

● 你想转行，需要返校学习相关领域的知识作为跳板。

获取知识的途径有很多种，看书、借助微课这样的网络平台自学都可以实现，重回校园并非唯一途径。只是，带着目标回炉，重新在学校里锻造一番绝对是效率最高、效果最佳的一种方式。

比如，你一直对艺术很感兴趣，从小被父母也培养得身有特长，但传统思想作祟总觉得艺术作为点缀还行，靠它吃饭却不够稳妥。所以即便你从小画笔不离手、拿过无数奖，也只能规规矩矩选个自己不了解但相对"正经"的专业进入大学。

学了四年市场营销后发现自己对这个专业没有感觉，但既然学的是这个专业，找工作肯定是优先考虑专业相关性的，所以你进了一家公司的市场营销部门。几年下来，部门岗位该做的事儿你都做了一遍，手底下也带着那么两三个人，算是一个小组。不过心里还是放不下年少时那个艺术家的梦，毕竟这么多年你坚持关注着自己感兴趣的艺术圈子、有名的画展一场也没落下。靠着这些年的工作经验，你想转行到艺术圈，但市场营销和艺术这两个行业看上去相差十万八千里，不知道过去的工作经验究竟怎么用；而你也没有勇气真的放下一切去搞纯艺术。

打探一番后，你发现了艺术管理这个专业，它把艺术和商业做了很好的结合，也让你过去的工作经验有了一席用武之地。于是用一年多的时间在学校充电，学习这个行业的背景知识、结识志同道合的圈里人；毕业后，艺术与商业方面最基本的知识你都具备了，同时还有营销的背景可以让你在求职时去拍卖行、画展公司、私人画廊有所发挥。既没有浪费前几年在职场上耗过的时光，又重拾儿时梦想、进入自己更钟爱的行业。这就是一次还算华丽的转身。

● 无关喜好，深造纯粹是因为工作上的硬性需要。

并不是所有人在谈及工作时都要分出好与不好来，总有人是做一份工作就那么心如止水一直做下去了，这类情况在高校和科研院所工作的人身上尤为明显。只是，如果你打算长期在此地发展，那深造确实很有必要。

比如，你之前在科研院所做工程师，工作的几年中也参与过一些不错的项目。但你只是国内名校的硕士毕业生，如果想尽快在科研院所成为项目领头人，或者去国内著名高校当教师，那去国外读博士、博士后是非常有必要的。有些职业它的门槛和要求是硬性的，你得先达到要求才能带你玩。

3. 当你打算重返校园时，请先问自己这六个问题

先看下面这张图。

What——什么专业适合自己？是继续吃透"老本行"？还是另寻跳板"二次投胎"？或者读个热门专业？

When——是完全脱产去申请一个 2 年内的硕士项目？还是"沉下去"深挖某一领域，读个博士？如果是非脱产读书，打算把战线拉长多久？这样的项目"水不水"、是否会因为读书错过升职的最佳时机？

Where——是选择国内深造还是出国镀金？在国内深造含金量有多高？在国外镀金费用、文化差异、社会融入这些问题如何解决？

Who——是单身人士说走就走？还是有拖家带口的打算？

How much——不要让学费成为负担；心里要清楚投资回报率。

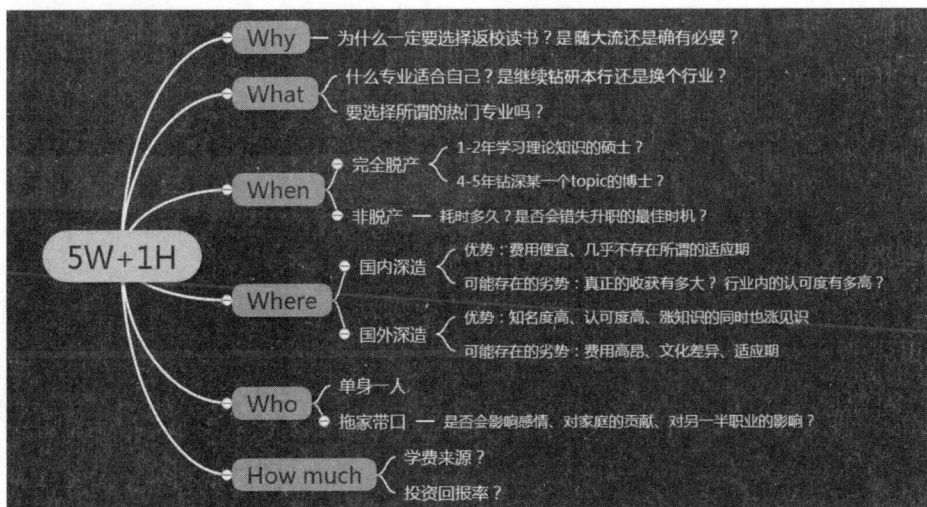

重返校园读书可以是一拍脑袋这么简单的主意，也可以是深思熟虑后将性价比最大化的决定。如果你选择投资教育，希望你第二次的学生时代目标清晰、计划翔实、过得充实。

总之，不虚此行。

总　结

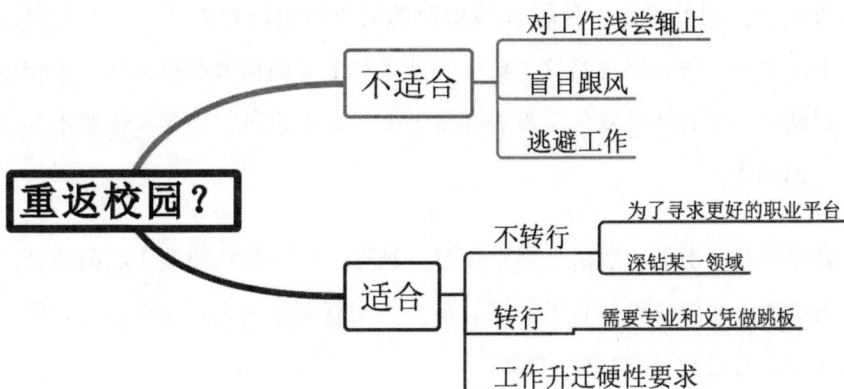

现在的你，生活中是不是只剩下工作

开篇语

> 自从工作后，小呆的生活就变成了只有工作和补觉两件事。看着镜子里自己憔悴的面孔、发福的肚子以及每天不喝咖啡就会昏昏沉沉的大脑，他惧怕接下来的每一天。工作对我们来说究竟意味着什么？

我自己在运营一个微信公众号，所以时不时就能收到一些读者朋友写给我的信或留言，其中一位叫"芒果"的朋友的来信让我特别感慨，想起了自己30 岁以前的样子。

芒果从上海一所名不见经传的高校研究生毕业后，经过重重筛选来到现在这家外企大公司的工作，身居 N 线城市的父母特别以她为荣，一直耳提面命她要不断努力。她也很珍惜这个机会，几乎把全部的精力都投入到了工作中，入职近两年，没有休过双休、没有在晚上 8 点前下班过，回到家也要不间断地邮箱，回邮件。

最夸张的一次是，团队赶某个项目，她有一星期没在凌晨 1 点前离开过公司，有天晚上直接急性肠胃炎犯了，整个公司就剩她一人，没办法，只能痛苦地躺在地上自己拨通"120"自救。

为了能保住工作，在大城市立足，有一个光明的未来，芒果放弃了所有社交，周末休息的一天就是宅在家里狂补觉。刚开始她还和父母叫叫苦，得到的回答永远是"年轻人就要多吃苦，你现在正该是人生拼搏的黄金期，不奋斗将来怎么办"，听久了她也就不说了。

留言的结尾，芒果说："其实我特别想离开上海，感觉已经超过忍受的极限了，为什么自己就不能过'正常人'的生活？难道我 30 岁之前的人生就只剩下拼搏了吗？"

来信让人读得真心疼。我给她回复了一句话："如果你坚信 30 岁之前在工作上的拼搏比一切都重要，那你傻得够可爱！"

巴尔扎克说过："拼一切代价，去奔你的前程。" 既然连大文豪都这么说了，看上去为工作倾尽全力也理所应当。拼搏是我们一生不可绕开的事情，生而为人，我们得有这样的觉悟。但拼搏不存在"黄金期"，它是你在不同年龄围绕不同主题持续进行的一项活动。就像学生时代的你，拼搏的关键词是高考；大学毕业后你拼搏的关键词是职场；结婚后你拼搏的关键词是家庭；年纪稍长后你拼搏的关键词是健康。你能说，我在该拼搏事业的时候就不顾健康、该拼搏健康的时候就完全不追求人生贡献和价值了么？

所以，拼搏是只要你还剩一口气在就不应该放下的终身大事，它在不同阶段有不同主题，但不意味着在当下有且只有唯一的主题。*各有主次、但不可分割，才是健康的拼搏观。*

30 岁之前的确需要在职场努力，但如果把所有的精力和时间都押在拼搏于职场这盘棋上，未必会成为人生赢家。如果你现在已经毕业两三年，有了一份比较上手的工作，甚至成了团队的骨干，这是一件值得骄傲的事。但与此同时，如果你的生活也和芒果一样，除了工作之外别无他，也许你该把低俯在格子间里的头暂时抬起来一下，望望周围，看看写字楼窗外的世界。无论工作多少年，你的生活都值得更精彩，不该只剩下工作。

首先，你应该有比在职场上拼搏更重要的事：让自己在情感上成为一个更

成熟的人，比如谈谈恋爱。

不止是爱情，与朋友、同事、客户甚至是陌生人的交往在这个阶段也需要修炼、提升。好友聚餐，你总是忙着倾诉自己的烦恼，别人其实也有烦恼需要他人倾听；总是埋怨为什么同事不愿意帮你的忙，不去反思自己讲话的态度以及究竟为别人伸过几次援手……

所以，在这个年纪，多谈几次恋爱、多经历一些风情、多遇到几次人情世故上的碰撞绝不是什么坏事。即使结局不完满、回忆会伤人，但那些眼泪和伤害不会白付，它能让你在情感上成为更得体、更美好的自己。

除此之外，你应该懂得给父母做投资——物质上或精神上的都可以，其重要性不亚于在职场竞争。

我们都明白给自己充电、投资的道理，无论是瑜伽、烘焙还是让自己多掌握一项实用的新技能，但在忙着打拼，让自己越变越好的同时，我们常常忘记去为父母做些什么。

现在的你在职场上也奋斗了几年，可能离财务自由仍有不小的距离，但在经济实力允许的情况下，为父母买一份保险、让他们多去这个世界走走看看，都是我们可以做的事情。作为独生子女这一代的父母，大半生都把心思耗给了我们，所以在力所能及的时候为他们做点儿什么很有必要。

千万别抱着"等我有钱了，等我有闲了"这样的想法让父母陪你一起等。就像我的朋友一直想着等攒够了10万元就让父母报团去欧洲旅行，可钱攒够时她父亲却不幸得了脑血栓，现在只能半身不遂躺在家里，能看到的最远的风景就是楼下的小区。有一次她哭着和我说："真后悔啊！早知如此，哪怕在自己只有两三万元存款的时候带父母去云南兜一圈都比现在强百倍。"人生无常，很多事情你想等，可命运却不一定会给你机会。

当然，如果你的经济条件不允许，为父母提供精神供养也是很好的。远离他们身边独自在异乡打拼的你，没有什么比时常打给父母一通电话、节假日放弃和小伙伴的旅游回家多陪伴父母更好的了。这种不需要仰仗金钱，但又能带给父母无限安慰的事情，多多益善。

当然，在这个年龄阶段，更加清晰的自我认识也许比你拼尽全力想要在职场搏出一片艳阳天更有必要、也更重要。

工作了几年，你究竟擅长什么？

30 岁以后的职场生涯你想如何安排？

未来 3 ～ 5 年拼尽全力要实现的一件人生大事是什么？（赚够首付？出国深造？升任部门主管？……）

如何实现它？

这些问题的确让人头疼，但值得我们写出来、贴在墙上时不时追问自己，直到有答案浮现出来。

没有清晰的自我认识就像不知道目的地在海洋上随波逐流的船只，即使你开足马力、一丝不苟地掌舵，依然只是漂流的浮萍。

就算你不愿意去做上面几件事、只想做个纯粹的工作狂，但也请做个有品位的工作狂，正如我的朋友 S 那样。

S 曾在一家创业公司工作了十几年，见证了那家公司从三个人到三十人、最后成为行业里的佼佼者的过程。每天工作 15 个小时、最忙的时候直接睡在办公室，从 23 岁到 33 岁人生最美好的十年都奉献给了这家创业公司，没时间谈恋爱、看电影、旅游，自己的世界里只有工作。

当然，S 在工作上获得的回报也是丰厚的，迅速成为核心部门领导，年薪很早就超过 30 万。但，她没有时间和精力去花这些钱！对于一心扑在工作上的 S 来说，买个名牌包背来办公室炫耀一下就是极限了，第二天又得换回成电脑包，因为名牌包实在不适合用来背着一大堆的资料和电脑跑去见客户。后来 S 和老板因为股份的事情闹掰了，就自己辞职开始了创业。

对 S 来说，开始创业后的生活较之从前并没有不同，她本来就是用创业的态度去对待上一份工作的。就当我们都以为 S 肯定是不会改变自己的工作狂风格时，却发现她的朋友圈出现了越来越多的旅游照片和自拍照片。

巴厘岛、孟买、马尼拉、万象、吴哥窟、乌兰布统、第五大道、巴黎圣母院……可以看出她已经知道如何从工作中抽离，让自己享受人生中其他的美好。

所谓"有品位的工作狂"就是：可以沉溺于工作，但绝不让工作把自己淹没，无论多渺小、多平凡，也一定要有工作之外的其他追求。

我们还是不能变成工作的奴隶，人生中应该有其他事值得我们为之付出，如此，拼搏和工作也才有了更好的意义。

提示：六年前我曾有过一次说走就走的旅行。那个阶段天天工作到凌晨两三点，整个人都要垮掉了。好不容易盼到了一次难得的双休，本想在家瘫着补觉，结果一场午觉睡下来突然想跑去杭州看看，于是当即订票开始了独自游玩杭州的旅行。那种偶尔随性、能换个地方过两天崭新生活的感觉棒极了！如果现在的你埋首工作不得抽离，记得无论如何都要挤出点儿时间让自己清醒一下，无论是短途旅行、上一节彩铅课或者只是换个新发型。你发现，生活会变得可爱很多。

关于未来，比选错更糟糕的是不选

开 篇 语

　　我们害怕一眼望到底的生活，却更害怕为此改变而要做出的选择。这是本书的最后一篇文章，我想谈谈选择，因为选择对未来、人生都至关重要。工作、生活、感情，我们很少遇到"无路可走"的时候，不选（尤其是你对现状非常不满时）才是真正的无路可走。

　　一个人在什么情况下会拒绝哈佛的录取？

　　我带着巨大的问号去问小 Q——她就是那个从哈佛兜了一圈，回来后把拒绝信发到学校邮箱、然后去了一个不到 10 人、刚成立两年的创业公司的人。

　　"你不后悔么？那可是哈佛啊，哈佛商学院 MBA 项目的录取率不到 10% 啊！"

　　"我不知道会不会后悔，只是跑去哈佛转了一圈后看到了自己未来十几年如一日的样子：进入顶级投行，穿着精致专业的服装、带着精英的光环在华尔街来回穿梭。从初级分析员到合伙人一路做下来，这样的工作轨迹别人也许觉得光鲜、完美，在我看来有点无聊、单调。"

　　小 Q 继续补充道："在商学院是学院派式的学，在创业公司是真枪实弹的学。我选择后者不过是选择了一条不知前方有什么在等着我的路去走罢了。"

在"看不到的未来"和"一眼就能望到头的未来"之间，小 Q 选择了前者。

1. 安全感的满足 VS 欲望的丧失

为什么我们大部分人都不太喜欢父母那一辈人的生活？他们一辈子只做一份工作、住在一个地方、和认识了 30 年以上的一群人打交道。他们追求的"铁饭碗"、老邻居以及平平淡淡才是真的生活往往却让我们避之不及。

这样的生活的确给人提供了足够的安全感，但同时也让人丧失了追求欲望的乐趣。

在《自控力》这本书里说过："如果没有了欲望，人们就会变得沮丧；如果没有了恐惧，人们就没法保护自己、远离伤害。"可见一味追求、获得安全感也会给人带来不满足。

很多时候，我们选择一条不那么清晰的路去走，就是凭着内心蠢蠢欲动的某种欲望想去探测一番自己究竟能飞多高、走多远。只要欲望没失控，它总会让我们耳目一新、甚至为之震惊。

所以，欲望是第一驱动力。

"未知"的背后有恐惧、但也让欲望有了容身之地，所以世界才会是现在的样子。

2. "看不到"的前方也许有光，"看得到"的前方却只有墙

有墙未必不好，至少它能为我们提供庇护，让我们少受伤害，让我们免于未知所带来的恐惧状态。但，未知的前方不仅有恐惧，还暗含着那些尚且发生的可能性，而每一种可能性里都夹杂着漆黑与亮光、失败与荣耀。

认识一对小夫妻，他们在三十岁的时候"任性"地抛开了已经拥有的一切

跑到国外去读书。周围的人对他们的评价就三个字："疯了吧"。

在北京奋斗到第八年时，他们看到了面前的那堵墙：过着安逸稳定的生活攒钱买第二套房，一定得是学区房；到了生孩子黄金时间的截止日期；至于工作，在中科院工作的老公从高工、副研究员、到研究员，那是掰着指头能算出何时够得着的日子。而女方在外企五百强工作了七年做到部门领导后不得不去面对职场中的"天花板"这个问题。

其实和小 Q 一样，他们没衡量太多就丢下一切出来了。二人返校读书，选择充电。没人知道读完后等待他们的将是什么，也许工作不如过去。"一切未知"是他们要承担的后果，但留守在原地未见得不需要付出代价，你总得放弃一些自己想要的一些东西、接受一些自己不喜欢的事物。

所以，选择"看不到前方"的人不过是对那堵庇护之墙看得更淡、对亮光更"贪婪"了些。

3.　"走出去"和"留下来"的 PK 其实没有高低、输赢

虽然更多人会因为着迷于"看不到的前方"而倾向于选择"走出去"，但我并非执意认为这种选择一定就是最好的。没人能确保迎接你的一定就是光明，头破血流、铩羽而归的大有人在。

我的两位发小就选择"留下来"，在老家一个是公务员、一个进了事业单位，生活的也很有滋味。他们清楚地知道每天的工作是什么、未来几十年的道路会是什么样子、自己终将到达一个怎样的终点，一切几乎尽在掌握中。

所以他们安心地生二胎、换更大的房子、假期带着全家自驾游。北上广或更大的世界、更热血沸腾的生活以及那些诗和远方都与他们没有丝毫关系，他们就在自己的世界里守得云开、自斟自酌。你能说这样的选择不美好么？

与其比较二者，不如在选择前去想清楚一个问题：当我们追求"走出去"

时，我们实际上追求的是什么？当我们选择"留下来"时，我们实际上选择的是什么？

对于"走出去"，但愿给出的原因不是逃避现在这个让自己厌倦的生活、不是不假思索的一时兴起和心血来潮、不是受周边环境影响而盲目追随别人的轨迹。选择"走出去"，驱使它的应该是强烈的好奇心、在搞定现在的生活后还有盈余之力的一点折腾劲儿，以及始终对于憧憬中的生活那种不遗余力的坚持。

对于"留下来"，但愿给出的原因不是心有余而力不足、不是听命于旁人的安排、不是还未尝试和选择就给自己轻易下的判断。当然，更不要因为选择了留下来看到了未来生活的模样就去遗憾和羡慕。选择"留下来"，应该是来自内心深处的笃定、知道什么是更适合自己的精准判断、无论世界大小都能让自己快乐起来的智慧。

曾经看到过一句话：最可怕的是看见你过去憎恶的一切披着未来的外衣又回到你面前。如果你对于过去满意，那就让时光渐渐把它变成你的现在和未来，你在熟悉中舒适安然度过就好。只是，如果你对过去尚存不满、对未来又充满改变的期待，那就不要去束缚自己想要乘风破浪的心，即便会有黑暗与恐惧相随。